KB204072

시편이 필요한 시간

믿음이란 한 알의 밀알이 땅에 떨어져 죽음으로 많은 열매를 맺음과 같이 진리의 열매를 위하여 스스로 죽는 것을 뜻합니다. 눈으로 볼 수는 없으나 영원히 살아 있는 진리와 목숨을 맞바꾸는 자들을 우리는 믿는 이라고 부릅니다. 「믿음의 글들」은 평생, 혹은 가장 귀한 순간에 진리를 위하여 죽거나 죽기를 결단하는 참 믿는 이들의, 참 믿는 이들을 위한, 참 믿음의 글들입니다.

시
편
이

필
요
한
시
간

나
상
오

홍성사

추천사

우연히도 연구실이 같은 층이어서 조금 더 그의 삶을
들여다볼 수 있는 기회가 있었다. 그가 얼마나 후배들을
사랑하고 있는지, 성경적 목회 방향을 찾을 수 있도록
지도하고, 자신의 목회 경험을 하나라도 더 가르쳐 주기
위해 애쓰는 모습을 옆에서 지켜볼 수 있었다. 그리고 바쁜
교수사역 중에서 새벽마다 '말씀 묵상'을 녹화해서 재학생,
졸업생들에게 전송하는 그의 열정이 참 부러웠다. 이러한
그의 애씀의 결과가 이 책이기도 하다. 시편은 성경 중에
쉽게 접근하기 어렵다. 왜냐하면 그만큼 인생의 체험과
인문학적 식견이 축적되어 있지 않으면 시편기자의 마음을
이해하거나 해석하기 어렵기 때문이다. 그럼에도 말씀
앞에서 자신의 모습을 진솔하게 쉽고도 평이하게 드러내
주고 있기에 많은 사람들이 그의 고백에 공감할 수 있다는
생각이 든다. 코로나 시대를 지나면서 영적 고갈상태가
심각해지는 지금, 달고 오묘한 말씀으로 깊이 있는
영적세계를 누리고 싶은 분들과, 시편의 말씀과 함께 행복을
꿈꾸는 목회자들과 성도들에게 적극 추천한다.

김상구, 백석대학교 신학대학원 실천신학 교수

즐겁고 화창한 날들에도, 앞을 가리는 폭풍 한설의
길에도 무던하게 꿋꿋하게 걸어가는 사람들의 노래와
기도와 탄식과 찬양으로 가득한 책이 시편이다. 이런
사람을 시편 1편에서는 진짜 행복한 사람이라고 한다.
시작한 순례의 길 끝에서 그는 압도되었던 하나님의
은혜에 찬양과 감사의 노래를 드린다. 이렇게 시편
150편은 끝을 맺는다. 시편은 그리스도인의 순례 여정
기록이다. 이 기록을 자기의 것으로 묵상하고 삶의
동력으로 삼는 사람은 축복받은 사람이다. 스물다섯
편의 시편으로 깊게 넓게 묵상한 이 글은 성경 본문의
의미는 물론 삶의 적용이 뛰어나다. 저자의 정감 어린
본문 읽어 내기는 독자의 공감을 불러내기에 최적이다.

류호준, 한국성서대학교 구약학 초빙교수

머리말

시편 묵상은 현재 내가 겪고 있는 실존적 고통 이면에
있는 하나님의 섭리를 이해하고 깨닫는 행복을 선물한다.
묵상의 고통과 기쁨이 한 방울 한 방울 떨어져 물은
흘러가고 미세한 석회가 쌓여서 종유석이 된 것같이
본서에 기록된 고백이 그러하다. 편집본을 받아 읽기
시작하면서 다윗의 고백은 나의 영웅시임을 다시
확인하게 된다.

　　　　누구나 사랑하는 시편 23편을 다시 읽기
시작했다. 이 짧은 여섯 절의 고백에 다윗의 인생이
함축되어 있음을 느낀다. 이 본문을 묵상하며 고민했던
것은 다윗의 언제적 고백인가였다. 다시 읽은 23편은
다윗의 인생 고백임을 재차 보게 되었다. "나는 선한
싸움을 싸우고 나의 달려갈 길을 마치고 믿음을 지켰으니"
(딤후 4:7)라는 바울의 고백이 나의 삶의 고백이 되기를
기대했는데, "여호와는 나의 목자시니 내게 부족함이
없으리로다"의 다윗의 고백이 또 다른 인생의 목표가
되었다. 생존을 위해 치열했던 다윗의 젊은 날이 관조로
바뀌어 과거와 미래를 현재라는 한 시점에서 하나님의
섭리로 품은 그의 마음이 부럽다. 다윗의 고백은 노년에

대한 기대를 갖게 한다.

시편 묵상에 대한 두 번째 책을 마치며, 시편에
기록된 믿음 선배들의 삶의 정황(sitz im leben)에서의
고백이 새벽마다 고백하는 우리의 기도와 다를 바가
없다. 따라서 시편이 범접할 수 없는 그 무엇이 아니라
상황은 다르지만 시편 기자들이 날마다 치열하게
살았던 삶의 고백임을 생각해 볼 때, 우리의 고백 또한
한 편의 시편인 것이다. 따라서 읽는 시편에서 묵상하는
시편으로, 그리고 더 나아가 쓰는 시편이 되기를
기대한다. 길던 짧던 길이와 상관없이 쓰여진 하나님
앞에서의 나의 고백이 언젠가 천국에서 들려질 찬송의
시가 될 수도 있지 않겠는가?

새벽마다 자식을 위해 기도하시는 구순의
아버님, 평생 꿇었던 그의 무릎이 시편이 되어 부족한
자식의 마음 한편에서 언제나 읽혀지고 있음을 고백하고
싶다.

2023년 1월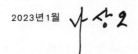

차례

행복한 사람은

[1]복 있는 사람은 악인들의 꾀를 따르지 아니하며 죄인들의 길에 서지 아니하며 오만한 자들의 자리에 앉지 아니하고 [2]오직 여호와의 율법을 즐거워하여 그의 율법을 주야로 묵상하는도다 [3]그는 시냇가에 심은 나무가 철을 따라 열매를 맺으며 그 잎사귀가 마르지 아니함 같으니 그가 하는 모든 일

이 다 형통하리로다 ⁴악인들은 그렇지 아니함이여 오직 바람에 나는 겨와 같도다 ⁵그러므로 악인들은 심판을 견디지 못하며 죄인들이 의인들의 모임에 들지 못하리로다 ⁶무릇 의인들의 길은 여호와께서 인정하시나 악인들의 길은 망하리로다

작은 교회를 시작할 즈음이었다. 우리가 이 땅에서
살아가는 목적에 대해 교인들과 나누게 되었다. 그런데
그들의 입에서 나온 대답은 뜻밖에도 대부분이 '행복'
이었다. 그 대답을 듣고 깜짝 놀랐다. 기대했던 대답은
전도, 선교, 헌신과 같은 조금 더 종교적인 내용들이었기
때문이다. 사실 성경에는 행복이라는 단어가 그리
많이 나오지 않는다(개역개정에는 총 열한 번 나온다). 만약
하나님께서 인간의 행복에 관심을 갖고 계셨다면 성경에
행복이라는 단어가 많이 등장해야 하는데 확인해 보니
그렇지 못했다. 그리스도인들도 인생에서 추구하는 가장
중요한 목적이 행복이라면 성경의 내용과 너무 다르다는
생각이 들었다.

　　　　당시에는 대학원 공부를 병행하고 있었다.
그날은 학기가 시작되면서 시편의 첫 강의시간이었다.
교수님께서 시편 1편을 강의하시면서 "복 있는 사람은"

(아쉬레이 아하시)의 정확한 의미는 "행복한 사람은"이라고 말씀하셨다. 나는 망치로 한 대 맞은 듯했다. "복 있는 사람"은 그러니까 "행복한 사람"은 바로 하나님의 자녀들이었다. 시편은 하나님의 자녀들, 즉 행복한 사람들에 대한 이야기임을 깨닫게 된 것이다. 이로써 시편을 통한 행복 찾기 여정이 시작되었다.

이런 이유로 시편의 가장 앞 구절의 "복 있는 사람은"(Blessed is the man)이 시편 전체를 이끌어 가는 주제인 것이다. 시편에서 이야기하는 "복 있는 사람"은 행복을 추구하는(Pursuit of Happiness) 사람이 아닌 '행복한 상태에 있는 사람'이다. 행복한 상태에 있는 사람들이 보이는 가장 현저한 삶의 내용을 이야기하고 있다.

먼저는 1절에서 "악인들의 꾀를 따르지 아니하며(not walk in the counsel of the wicked) 죄인들의 길에 서지 아니하며(not stand in the way of sinners) 오만한 자들의 자리에 앉지 아니하고(not sit in the seat of mockers)"라고 기록되어 있다. 삶의 방향에서 어떤 특정한 것에 관심을 나타내는 행동을 표현하고 있다. walk(걷다)보다는 stand(서다)가 그리고 sit(앉다)가 더 많은 시간의 소요를 나타내고 있다. 물론 이 단어들은 운율을 위해 사용했지만, 복 있는 사람이 하지 않는 내용을 나타낸 것이다. 이 내용을 읽으면서 시편이라는 거대한 서사시를

부정문으로 시작한 점이 궁금했다. 문장상으로 볼 때
얼마든지 긍정문으로 시작할 수 있었다. 그렇게 하지
않은 이유는 짐작건대 누구에게나 문제가 될 수 있는
아주 일상적인 내용이기 때문이다. 다른 면에서 부정문은
경고적 의미가 크다는 생각이 들었다.

2   오직 여호와의 율법을 즐거워하여 그의 율법을
         주야로 묵상하는도다

        시편 1편을 묵상하면서 가장 어려웠던 내용이
2절이었다. 나의 신앙생활을 돌아볼 때, 여호와의 율법
(말씀)이 정말 꿀송이처럼 달고 읽을 때마다 즐거웠던
적은 처음 예수님을 삶의 구주로 받아들인 후 얼마
동안뿐이었다. 그 후로는 때에 따라 달랐다. 말씀을 읽고
묵상하는 시간이 언제나 즐겁고 행복하지는 않았다.
어떻게 해야 말씀을 주야로 즐겁게 묵상할 수 있을까
의문이 들었다. 즐거움과 감동 없는 말씀 읽기는 마치
헤어날 수 없는 늪에 빠진 느낌이다. 늪에서 탈출하기
위해 나름의 몸짓을 하지만 시간이 지나도 여전히 그
자리에 머무르고 있음을 확인하게 된다. 소명에 대한
회의감이 몰려온다. 스스로에게 수없이 질문을 던진다.
그런데 고민을 하고 무엇인가를 찾으려고 애를 쓸 때는

차라리 행복할 때이다. 시간이 지나면 감동 없는 성경 읽기는 오랜 습관처럼 삶에서 견고하게 자리를 잡는다.

　　　그 후로도 어떻게 해야 말씀을 즐거워하면서 주야로 묵상할 수 있을까에 대한 고민은 계속되었다. 불현듯 오래전에 읽었던《어린 왕자》에서 어린 왕자와 여우의 관계가 생각났다. 여우는 다음날 만나자는 어린 왕자에게 관계가 형성되지 않으면 만날 수 없지만 관계가 생기면 약속 시간보다 일찍 와서 기다리겠다고 말한다. 하나님의 말씀이 즐거운 이유는 다른 것에 있지 않고 하나님과 나와의 관계에 있다. 하나님과 관계가 좋으면 그로부터 나오는 모든 말씀이 즐겁고 경이롭다. 연애 경험이 있는 사람은 이 말의 의미를 안다. 상대를 정말 사랑하면 상대로부터 받은 문자를 읽고 또 읽으며 상대가 자신을 사랑하는 마음을 새기고 또 새긴다. 그리고 입가에 미소가 흐른다. 이는 우리가 하나님의 말씀을 사랑하여 즐거워하는 것과 같다. 그 문제의 해결이 성경 읽기의 방법에 있지 않고, 하나님과 나의 관계에 있다. 관계의 즐거움이 곧 말씀의 즐거움이다.

3　　　그는 시냇가에 심은 나무가 철을 따라 열매를 맺으며
　　　그 잎사귀가 마르지 아니함 같으니 그가 하는 모든
　　　일이 다 형통하리로다

"시냇가에 심은 나무"란 앞 절에서 설명하고 있는 여호와의 말씀을 즐겁게 주야로 묵상하는 자이다. 본문에서는 시냇가에 심은 나무가 시절을 좇아 열매를 맺는다고 했다. 쉽게 생각하면 시냇가에 심긴 나무는 무조건 철 따라 잎사귀도 풍성하고, 열매도 잘 맺는 것처럼 생각된다. 그러나 세상 일이 그렇게 간단하면 얼마나 좋겠는가. 하나님과 관계가 좋으면 모든 일이 잘 풀려 가면 참 좋으련만 그리스도인들의 삶이 그렇지 못하다. 시냇가에 심긴 나무에도 온갖 병충해처럼 열매를 온전하게 맺지 못하게 방해하는 요소들이 너무나 많다. 마치 그리스도인의 삶에, 특히 무엇인가 잘되어 가는 성도나 목회자에게 사탄의 유혹이 따르는 것과 같다. 학교에 있으면 졸업한 제자들의 소식에 항상 민감해진다. 얼마 전에 찾아와서 참 기쁜 소식을 전해 주었는데 갑자기 어려워진 소식을 자주 접하곤 한다. 요즘처럼 모두가 어려운 시기라면 이해가 되지만 개인적인 일들도 위기에 빠졌다면 문제는 달라진다.

이러한 위기는 누구에게나 예외가 없다. 하지만 하나님과 관계가 좋은 그리스도인들은 위기의 상황에서 '형통'을 배운다. '모든 일이 잘되어 감'이라는 형통의 사전적 의미로 보면 모든 일이 내가 생각하고 계획한 대로 이루어지는 것이다. 그러나 사실 형통은 단지 앞에 '운수대통'이 놓이는 것이 아니다. 노력보다 더 많은 성과를 거두는 것이 아니다. 그리스도인은 형통을 기대한다. 성경에서 형통이 있을 때는 하나님께서 함께하신다는 내용이 반드시 있다. 요셉도, 다윗도 그랬다. 그런데 요셉과 다윗의 삶이 언제나 평탄하기만 했던가. 요셉은 하나님께서 함께하심으로 모든 일을 형통케 하셨다는 구절이 끝난 후에 보디발 아내의 일로 감옥에 갇혔다. 다윗의 삶도 마찬가지이다. 블레셋의 골리앗을 죽이고 이스라엘을 전쟁에서 승리로 이끈 후 잠시 모든 이로부터 부러움의 대상이었지만 그 영광은 잠시뿐이었고, 그 후 오랜 시간 장인 사울에 의해 도망자 신세가 되었다. 왕이 된 후에도 암논이 이복 여동생 다말을 강간한 일, 그 일로 다말의 오빠 압살롬이 암논을 죽였고, 이로 인해 압살롬이 모반을 일으켜 예루살렘에서 쫓겨나 온갖 수모를 겪었다. 그 후에도 인구조사를 해서 수많은 백성들이 병으로 죽었고, 결국 마지막에 아도니아가 충복 요압과 결탁하여 왕위를 찬탈하려는 모반을 시도했다. 일반인이 평생에 한두 번만 겪어도 감당하지 못할 일을 다윗은 수없이 겪었다. 어쩌면 차라리 아무 근심이 없었던 들판의 목동생활이 더 평탄했을 수도 있다.

그럼에도 불구하고 하나님께서 다윗과

함께하심으로 그가 형통했다고 할 수 있겠는가? 만약
그렇다면 형통의 의미를 잘못 이해한 것은 아닐까?
형통은 내가 마음먹은 대로 잘되는 것이 아니다. 형통은
나의 삶에서 일어나는 일들이 어떠함에도 불구하고
그 안에 있는 하나님의 섭리를 인정하고 하나님의
인도하심을 구하는 것이다. 나의 삶에 남들이 부러워할
일들을 기대하고 바라는 것이 아니라 그 안에서 하나님의
뜻을 찾고 기대하는 것이다.

4   악인들은 그렇지 아니함이여 오직 바람에 나는 겨와
        같도다

5   그러므로 악인들은 심판을 견디지 못하며 죄인들이
        의인들의 모임에 들지 못하리로다

6   무릇 의인들의 길은 여호와께서 인정하시나 악인들의
        길은 망하리로다

Not so the wicked(악인들은 그렇지 아니함이여).
다윗은 앞에서 언급한 행복한 사람들의 삶의 모습과
악인들은 반대라는 말로 긴 이야기를 짧게 정리한다.
그들의 모습은 "바람에 나는 겨와 같다". 마치 불나방이
불을 향해서 자신이 죽을 줄 알지 못하고 날아듦과 같고,
이익을 얻기 위하여 정체성도 망각한 채 여기저기를

기웃거리는 사람들과 같다. 그리고 그들의 결국은 망한다는 것이다(but the way of the wicked will perish). 인간의 어리석음은 그 어리석음의 결과를 맞닥뜨릴 때까지 알지 못한다. 그래서 시편기자는 하나님의 진노를 피할 수 있는 지혜를 허락해 달라고 기도했다. 자신이 양같이 어리석은 자임을 깨닫는 것이 인간에게는 가장 큰 축복이며, 이로 인해 하나님께서 예수 그리스도를 통해 열어 주시는 시온의 대로를 걸을 수 있는 은혜를 누리게 된다.

자연에서 창조자의 마음을 보는 일

[1] 여호와 우리 주여 주의 이름이 온 땅에 어찌 그리 아름다운지요 주의 영광이 하늘을 덮었나이다 [2] 주의 대적으로 말미암아 어린 아이들과 젖먹이들의 입으로 권능을 세우심이여 이는 원수들과 보복자들을 잠잠하게 하려 하심이니이다 [3] 주의 손가락으로 만드신 주의 하늘과 주께서 베풀어 두신 달과 별들을 내가 보오니 [4] 사람이 무엇이기에 주께서 그를 생각하시며 인자

가 무엇이기에 주께서 그를 돌보시나이까 ^{5}그를 하나님보다 조금 못하게

하시고 영화와 존귀로 관을 씌우셨나이다 ^{6}주의 손으로 만드신 것을 다스

리게 하시고 만물을 그의 발아래 두셨으니 ^{7}곧 모든 소와 양과 들짐승이며

^{8}공중의 새와 바다의 물고기와 바닷길에 다니는 것이니이다 ^{9}여호와 우

리 주여 주의 이름이 온 땅에 어찌 그리 아름다운지요

초록은 2월의 추운 날씨에도 불구하고 바깥세상을
정탐이라도 하듯 얼굴을 살며시 내민다. 이들은
정찰병처럼 마디 사이에서 잠시 보였다 사라지곤 한다.
이렇게 봄은 자신만의 방법으로 존재를 알리며 봄소식을
전한다. 마치 여린 순과 같은 연초록이 수줍듯 모습을
보이기 시작하면 초록의 향연이 시작된다. 초록은
결코 그들만의 세상을 만들지 않는다. 초록은 언제나
다른 색깔들과 조화를 이루려고 노력한다. 그들은 다른
색깔들이 돋보이도록 기꺼이 자신을 바닥에 눕힌다. 그뿐
아니라 다른 색깔들이 더 잘 보이도록 그에 맞추어 색도
점점 짙게 변화시킨다. 이러한 노력이 그들을 더 빛나게
한다. 초록 없는 꽃들을 상상할 수 있겠는가? 짧은 꽃들의
향연이 지나면 이제는 본격적인 초록의 세상이다. 무더운
한여름에도 다른 꽃들과 달리 초록은 언제나 당당하게
자신을 나타낸다. 그때가 되면 더위의 절정인 8월이다.

초록은 점점 짙어진다. 다음을 기약하기 위해 몸에
에너지를 최대한 축적하려는 몸부림이다. 그리고 이제는
다른 색상으로 바꾸어 숨겨 놓았던 아름다움을 나타낸다.
길 가다 잠시 쉬어 갈라치면 언제나 초록으로 다가가게
된다. 이때 초록의 넉넉함을 새삼 느낀다. 그들은
사람들의 호들갑스러운 감동에 쉽게 속내를 내보이지
않는다. 그냥 묵묵히 자기 자리를 지킨다. 이것이 초록의
매력이다.

　　　　자연과 친해지면 세상이 참 아름답게
보이고, 보이지 않는 자연의 지혜를 알아 가는 듯하다.
그들은 내가 알지 못하는 시간을 오랫동안 묵묵히
바라보면서 여기까지 왔다. 사람들이 자신들에 대해 조금
안다고 떠드는 얘기들이 얼마나 가소로울까? 갑자기
의기소침해진다. 본문에서 다윗은 하나님께서 지으신
자연의 아름다움을 찬양하고 있다. 그리고 자연에 속한
사람들의 삶이 하나님을 경배하는 모습임을 확인하고
있다.

　　　　여러 해 전, 아프리카 케냐에 해외 봉사를
다녀왔다. 케냐의 부족 중 잘 알려진 마사이 족이 사는
곳이었다. 그곳에 한 선교사 가정이 오래전에 파송되어
벌거벗고 사는 그들에게 옷을 입히고, 초 중 고등학교를
세워서 교육했다. 그 세월이 약 25년 정도였다고 한다.

그동안 아프리카에 계속된 지독한 가뭄으로 서바나 기후의 아름답던 모든 자연이 황폐하게 되어 소를 먹일 풀도 구할 수 없게 되었다. 그곳에서 우리에게 농지를 개간하는 일을 요청했다. 그러나 물 없이는 농지를 개간할 수도 없었고, 설상가상으로 맹독을 가진 검은색 전갈이 흙에서 자주 발견되어 손으로 흙을 만질 수도 없었다. 약 10일 정도 기거하면서 불편함이 많았다. 그런데 그 불편함을 상쇄시키는 아주 중요한 것이 있었는데, 밤하늘의 별들이었다. 별을 보기 위해 밤마다 별이 질 때까지 바라보았다. 그렇게 된 사연은 이렇다.

　　　　도착해서 첫날밤에 그곳 주민의 집에 각기 배정을 받았다. 그곳으로 출발하기 전에 센터에서 신신당부한 주의사항이 있었다. 현지인의 집에 가면 분명히 차("차이"라고 부르며 염소젖을 끓여서 찻잎을 약간 넣고 설탕을 꽤 많이 넣었다)를 주는데, 달달하고 양이 많아서 자칫하면 많이 마시게 된다. 문제는 자다가 볼일이 급하면 그 집 실내에 화장실이 없어서 밖으로 나와야 하고, 간혹 맹수가 가축을 사냥하러 인가로 내려오기 때문에 위험하다는 것이다. 그런데 나는 그런 주의사항을 무시하고 그들이 권하는 차를 무려 세 잔이나 마셨다. 피곤한 데다 달달하고 너무 맛있었기 때문이다. 문제는 한밤중에 일어났다. 센터에서 예견한 대로 도저히 생리현상을 참을 수 없어서 위험을 무릅쓰고 밖으로 나왔다. 그리고 적당한 곳을 찾아서 볼일을 마쳤는데 이상한 느낌이 들었다. 분명 이곳에 올 때는 칠흑같이 어두웠는데, 그때는 매우 밝아서 사방이 훤하게 잘 보이는 것이었다. 이상하다고 생각하고 고개를 들어 하늘을 보는 순간 너무나 놀라웠다. 눈앞에 펼쳐진 별들의 모습은 상상을 초월하는 광경이었다. 나는 한동안 정신을 잃고 멍하니 하늘을 쳐다보았다. 이것이 말로만 듣던 은하수인가? 밝기가 이루 말할 수 없었고, 숫자도 헤아릴 수 없었다. 별들이 모여서 마치 알맹이가 꽉 찬 석류가 터져 쏟아질 듯한 모습이었다. 이런 별이 있었단 말인가! 나는 밖이 위험하다는 말을 잊은 채 그곳에서 하늘만을 응시하고 있었다. 그 광경은 뇌리에서 쉽게 가시지 않았다. 그 후 매일 밤 그 광경을 보기 위해 밤잠을 잊은 채 하늘을 응시했지만 돌아올 때까지 다시는 보지 못했다.

아마 그 수많은 별은 하나님께서 아브라함에게 보여 주셨던 별들이었으리라. 하나님께서 하늘의 뭇별을 가리키시면서 아브라함에게 말씀하셨다. 네 자손을 지금 내가 보는 이 뭇별과 같이 많게 하리라. 자식도 없는데 이렇게 많은 별과 같은 자손을 주신다니, 언감생심 말도 안 되는 약속을 아브라함은 어떻게 믿었을까? 하기야 하나님의 약속만을 믿고 갈대아 우르에서 가나안까지 그 먼 길을 찾아왔던 아브라함이 아니었던가. 내가 본 그 많은 별은 수천 년 전에 하나님께서 아브라함에게 보여 주셨던 바로 그 뭇별이었다. 그러니 그 별을 본 나도 아브라함이 믿었던 그 약속 가운데 포함되었다는 확인을 받은 것 같았다. 바울은 로마서에서 아브라함의 믿음을 "하나님은 죽은 자를 살리시며 없는 것을 있는 것으로 부르시는 이시니라"(롬 4:17)라고 표현했다. 만약 하나님께서 동일한 상황에서 내게 그런 약속을 하셨다면 믿었을까?

다윗은 아마 이렇게 어쩌다 볼 수 있는 굉장한 광경을 표현하지는 않았을 것이다. 일상에서 볼 수 있고 주변에서 쉽게 접할 수 있는 자연의 모습을 묘사한 것이리라. 그런데 다윗은 자연의 풍경뿐만 아니라 그 안에 있는 창조자의 모습을 보았다. 태초에 창조자께서 자신이 만드실 사람이 살 수 있는 가장 아름답고 최고인 환경을 직접 디자인하셨다. 나는 전능하신 하나님께서 이 세상을 창조하실 때 분명히 먼저 디자인하셨다고 믿는다. 이는 전능하신 하나님께서 인간에게 보여 주시는 가장 최선의 배려이며 사랑이다. 다윗은 그 창조자의 마음을 보았다. 그리고 찬양하였다. 창조자를 찬양한다는 의미는 무엇일까? 우리가 어린 시절에 목청 높여 불렀던 "참 아름다워라 주님의 세계는"이라는 고백도 중요하지만 자연을 통해 그 안에 계신 창조자를 인정함이 더 중요하다. 그리고 그 자연과 조화를 이루는 삶을 살아내는 것이다. 인간의 죄로 고통 가운데 있는 자연에서 하나님의 섭리를 찾는 것이다. 그의 섭리는 "주의 손으로 만드신 것을 다스리게 하시고 만물을 그의 발아래 두셨으니"를 이해하는 것이다.

기도와 신뢰의 마디 풀기

[1]나의 힘이신 여호와여 내가 주를 사랑하나이다 [2]여호와는 나의 반석이시요 나의 요새시요 나를 건지시는 이시요 나의 하나님이시요 내가 그 안에 피할 나의 바위시요 나의 방패시요 나의 구원의 뿔이시요 나의 산성이시로다 [3]내가 찬송 받으실 여호와께 아뢰리니 내 원수들에게서 구원을 얻

—

으리로다 ⁴사망의 줄이 나를 얽고 불의의 창수가 나를 두렵게 하였으며 ⁵스올의 줄이 나를 두르고 사망의 올무가 내게 이르렀도다 ⁶내가 환난 중에서 여호와께 아뢰며 나의 하나님께 부르짖었더니 그가 그의 성전에서 내 소리를 들으심이여 그의 앞에서 나의 부르짖음이 그의 귀에 들렸도다 사울의 위협에서 건지시는 상황에 대한 다윗의 감사와 승리의 기도이다. 많은 사람이 이 본문을 특별히 좋아하는 이유는 17편과 연결하면 환난 가운데 있는 다윗의 기도에 대한 응답이기 때문이다. 하나님께서 기도를 들어주신다는 것은 내가 기도하는 대상이 인격을 가진 분이라는 의미이다. 성경에서는 하나님께서 기도를 들어주셨다는 말을 자주 볼 수 있다. 그 말은 하나님께서 우리의 상황을 이해하시고 기도에 응답하시는 분임을 나타낸다. 기도 응답은 그리스도인의 삶에서 매우 신기한 체험이고, 신앙생활에 놀라운 확신을 준다. 이렇게 조금씩 경험을 쌓아 가면서 다양한 기도의 응답과 이에 대한 말씀을 접하게 된다.

가끔 기도 응답에 대한 혼란이 생길 때가 있다. 분명히 응답해 주신다고 했는데 왜 나의 기도는 응답하시지 않는가? 들어주실 수 없는 기도인가? 혹시

기도에 대한 동기가 잘못된 것인가? "그의 성소에서 내 소리를 들으심이며"라고 했으니 교회에 가서 기도해야 응답해 주시는 걸까 생각한다. 나태하기 쉬운 기도 생활이 그래도 시간에 맞추어 교회에 나와 꾸준히 할 수 있다면 그 생각에는 전적으로 동의한다. 하지만 기도에 장소적 의미를 부여하면 오해를 불러일으킬 수 있는 요소가 다분히 생긴다.

하나님의 기도 응답은 'in His time'이다. 하나님께서는 가장 적절한 때에 응답하신다. 그가 기도를 들으시지만 반응하시지 않는 것은 아직 때가 되지 않았기 때문이다. 우리가 원하는 시간과 하나님의 응답 시간이 다른 경우가 얼마든지 있다. 기도 응답은 참으로 큰 기쁨이다. 순식간에 상황을 역전시킨다. 새벽의 깊은 어둠이 순식간에 밝은 빛으로 바뀌는 것과 같다. 이처럼 하나님의 사역은 빛처럼 빠르고 화살처럼 정확하고 소나기처럼 흠뻑 은혜로 적신다. 기도 응답은 우리가 경험하지 못한 새로운 삶으로 이끈다.

"내가 온 것은 양으로 생명을 얻게 하고 더 풍성히 얻게 하려는 것이라"(요 10:10). 생명은 단순한 존재만을 의미하지 않는다. 생명은 단 1회만 우리에게 주어진다. 생명이 풍성해진다는 것은 무엇일까? 생명의 유무의 문제 같은데, 성경은 생명의 유무뿐 아니라 풍성과 빈곤의 의미도 함께 언급하고 있다. 우리가 생각하는 풍성함은 많고 조금도 부족함이 없는 상태이다. 그러나 성경에서 말하는 풍성함은 생명이 생명다워짐을 말한다. 하나님께서 허락하시는 생명의 풍성함은 우리가 지금까지 경험하지 못했던 삶의 내용이다. 요한복음 본문에서 설명하고 있는 양의 생명과 풍성함은 양이 한 번도 경험하지 못했던 안전에 대한 느낌이다.

이에 대해서는 다윗이 시편 23편에서 보다 자세히 언급하고 있다. "원수의 목전에서 내게 상을 베푸시고"이다. 지금까지 우리는 원수의 목전에서 항상 침체되고 떨고 두려워했다. 원수 앞에서 당당하게 아무 두려움 없이 하는 식사는 꿈도 꾸어 보지 못했다. 그 상황에서 결코 배불리 먹어 본 기억이 없다. 언제나 두려운 눈길로 두리번거려야 했고, 귀를 쫑긋 세워 미세한 소리도 들어야 했으며, 코를 통해서는 불어오는 바람에 실려 오는 냄새를 맡아야 했다. 아무리 풍족한 꼴과 신선한 물이 있다 해도 긴장의 연속이었다. 그러나 이제는 풍족한 풀, 갈증을 해결할 뿐 아니라 쉼을 느낄 수 있는 신선한 물과 그늘 그리고 더 중요한 우리의 목자가 그곳에 있다.

우리가 그리스도를 알기 전 기도 응답이라는 말은 생소했고, 누군가에게 나의 문제를 맡기고 의존하는 일은 더더욱 그러했다. 그러나 그리스도인은 하나님께 나의 문제에 개입해 달라고 요청한다. 이것은 나약함보다 전적인 의존과 완전한 신뢰와 연결된다. 그리고 하나님께서는 그의 방법으로 기꺼이 나의 문제에 개입하신다. 그의 개입은 예상하지 못한 결과를 가져왔으며, 삶의 중요한 패턴으로 자리 잡게 되었다. 그리고 의존하는 삶이 얼마나 중요한지를 깨달았다.

기도 응답은 그렇다. 전혀 알지 못했던 새로운 삶의 방식이다. 이 새로운 삶의 방식을 여는 문이 바로 기도이다. 기도는 요술 방망이가 아니라 신뢰의 표현이며 방식이다. 전적인 의존이다. 일상적이고 습관적인 기도로 시작해서 혹시 "이런 기도를 해도 되나"라는 문제와 삶의 무거운 문제에 하나님의 선하신 인도를 요청하는 전적인 신뢰의 표현이다. 한때 스스로에게 반문한 적이 있다. 왜 기도하는가? 기도 응답을 받으려고? 기도는 언제든지 응답을 수반한다. 그것이 내 맘에 들지 않아서 문제이다. 응답하지 않는 것도 응답이다. 대답하지 않는 것도 대답인 것과 같다. 응답하지 않는 것은 나의 기도에 대한 간과나 무시가 아니라 내가 다시 그 문제에 대해 생각해 보는 기회를 주시는 것과 같다. 실패가 아니라 새로운 관점으로 보는 것이다. 그래서 응답되지 않을 때 처음에는 마음이 불편하지만, 하나님의 뜻을 이해하고 나면 더 많은 교훈을 얻게 된다. 우리는 기도할 때 응답을 받거나 받지 못하는 결과로 기도의 정당성을 부여하려는 경향이 있다. 그러나 기도하는 과정에서 이미 많은 것을 얻는다. 기도하려면 먼저 생각을 정리해야 하고, 무엇을 기도해야 할지 결정해야 하고, 응답이 되면 상황이 어떻게 바뀌는지를 예측해야 한다. 이렇게 많은 고민과 생각을 수반하는 과정에서 이미 많은 응답을 받게 된다.

4   사망의 줄이 나를 얽고 불의의 창수가 나를 두렵게
     하였으며
5   스올의 줄이 나를 두르고 사망의 올무가 내게
     이르렀도다
6   내가 환난 중에서 여호와께 아뢰며 나의 하나님께
     부르짖었더니

다윗의 위의 고백은 극적인 응답에 대한 감사이다. 다윗은 자신에게 닥친 환난을 네 번 표현하고 있는데, 그중 세 번(사망, 스올, 사망)이 죽음과 관련된 단어이다. 그만큼 자신이 겪은 일들이 거의 죽음 직전이거나 죽음을 생각해야 할 정도로 아찔한 순간이었음을 암시한다. 어려움을 겪을 때, 적어도 우리가 살아가는 정상적인 삶의 영역에서는 환난을

통해 죽음을 생각할 정도의 극한 상황은 많지 않다.
물론 다윗은 사울에게 쫓겨서 늘 삶과 죽음의 경계에
있었음을 우리는 잘 안다. 이런 죽음의 상황에 직면하면
사람들은 진심으로 신을 찾게 된다. 문제가 해결되든
그렇지 않든 약한 마음을 의지할 대상을 찾게 되는
것이다. 어쩌면 해결에 대한 가능성이 없는 실낱같은
희망을 더 부풀리려고 신을 찾는지도 모른다. 그러나
현실성 없어 보이던 실낱같은 희망은 마치 사막의
신기루가 눈앞의 현실이 되는 것처럼 사실로 나타난다.
이 경험은 평생 간증거리가 된다. 무용담이라고 하기에는
자신이 기여한 것이 없다. 그냥 그런 일이 일어난 것이다.
어떻게 이성적으로 설명할 것인가? 너무 막연했기
때문에 구체적으로 보이는지도 모른다. 누가 나 대신
그 일을 했는가? 과연 그러한 일이 가능한가? 신앙이란
그냥 마음의 위안을 얻으려는 것인 줄 알았는데 잘못
알고 있었나 하는 생각이 들 수도 있다. 이와 같은 생각은
지속되었다. 이런 우연은 어떻게 필연이 되는가?

분명 다윗도 이 모호한 과정을 겪었을 것이다.
모호한 과정의 시간은 언제나 힘들다. 다윗은 목동 때에
경험했던 하나님과, 골리앗을 죽인 후 소위 말하는
중앙무대로 자리를 이동하고 나서 겪은 일들이 너무나
다른 성격들이어서 많은 시행착오를 겪어야 했다.

들판에서는 기도 응답을 받기보다 스스로 해결해야
할 일이 더 많았을 것이다. 그러나 사울의 지근거리에
있으면서 겪어 보지 못한 많은 사람, 새로운 형태의 일,
그리고 그 일에 연관된 사람들의 문제는 지금까지와는
다른 차원이었다. 다른 측면에서 보면 이 과정은
하나님을 더 알아 가게 되기 때문에 성장의 기회를
준다. 혼돈 속에 있던 짙은 안개가 걷히면서 실체가
드러나는 상황을 경험하게 된다. 한 번도 생각하지
못했던 상황 속에서 하나님에 대한 새로운 경험을 하게
된다. 하나님과 새로운 차원의 관계를 경험하게 된다.
하나님께서는 어린아이에게는 어린아이의 방식으로,
어른에게는 그의 성숙에 맞는 방식으로 응답하신다.
시간이 지나서 돌아보면, 참 힘들었던 기도의 시간이
결국은 나를 만든 시간이었음을 확인하고 감사하게 된다.
이렇게 우리 모두는 기도를 배워 간다.

> 나의 힘이 되신 여호와여
>
> 내가 주님을 사랑합니다
>
> 주는 나의 반석이시며 나의 요새시라
>
> 주는 나를 고치시는 나의 주 나의 하나님
>
> 나의 피할 바위시오 나의 방패시라

나의 하나님 나의 하나님

구원의 뿔이시오 나의 산성이라

나의 하나님 나의 하나님

그는 나의 여호와 나의 구세주

나의 생명이신 여호와여

내가 주님을 찬양합니다

주는 나의 사랑이시며 나의 의지시라

주는 나를 이끄시어 나의 길 인도하시며

나의 생애 목자 되시니 내가 따르리라

사랑은 간절함을 잉태한다

[1]환난 날에 여호와께서 네게 응답하시고 야곱의 하나님의 이름이 너를 높이 드시며 [2]성소에서 너를 도와주시고 시온에서 너를 붙드시며 [3]네 모든 소제를 기억하시며 네 번제를 받아 주시기를 원하노라 (셀라) [4]네 마음의 소원대로 허락하시고 네 모든 계획을 이루어 주시기를 원하노라 [5]우리가 너의 승리로 말미암아 개가를 부르며 우리 하나님의 이름으로 우리의 깃발을 세우리니 여호와께서 네 모든 기도를 이루어 주시기를 원하노라 [6]여호

—

와께서 자기에게 기름 부음 받은 자를 구원하시는 줄 이제 내가 아노니 그의 오른손의 구원하는 힘으로 그의 거룩한 하늘에서 그에게 응답하시리로다 7어떤 사람은 병거, 어떤 사람은 말을 의지하나 우리는 여호와 우리 하나님의 이름을 자랑하리로다 8그들은 비틀거리며 엎드러지고 우리는 일어나 바로 서도다 9여호와여 왕을 구원하소서 우리가 부를 때에 우리에게 응답하소서

성경에는 다윗이 왕 된 후에 전쟁으로 인한 위기가
있었다는 기록은 없다. 그러나 국가 간의 전쟁이
수없이 일어나던 시기였는데 왜 없었겠는가? 당시 왕이
국가를 온전하게 다스리지 못하면 반정이 일어나는
일이 허다했다. 왕권의 약화나 전쟁을 통한 위기는
왕권을 꿈꾸는 자들에게는 더할 수 없는 기회이다.
그러나 이스라엘은 다윗에게 반정을 꾀하는 대신 그를
위한 기도를 택했다. 온 마음으로 간절하게 왕을 위해
기도했다.

　　　　돌아보면 내가 누구를 위하여 이렇게 간절히
기도해 본 적이 있었던가? 혹시라도 간절한 기도의
대상이 있었던가? 사랑은 간절함을 잉태한다. 사랑하지
않으면 기도할 수 없다. 간절한 기도는 더욱이 할 수
없다. 야곱은 그의 사랑하는 아들 베냐민을 애굽으로
보내라는 요셉의 요청을 망설였다. 물론 당시는 그가

요셉이었는지 알지 못했다. 생명과 같은 베냐민을 다시 잃을 수 없었다. 양식은 줄어들고 베냐민에 대한 애정은 깊어 갔다. 어쩌면 사랑했던 라헬과의 사이에서 낳은 두 아들을 모두 잃을 것에 대한 염려는 더 커져 갔다. 결국은 베냐민을 보낼 수밖에 없었다. 그가 베냐민을 위해 하나님께 드린 마지막 기도는 "내가 자식을 잃게 되면 잃으리로다"였다. 이것이 전능하신 하나님께 드리는 기도가 맞는가? 아니다. 그는 베냐민이 다른 자녀와 함께 무사히 돌아오기를 학수고대했다. 이렇게 기도하는 것은 베냐민에 대한 말할 수 없는 사랑 때문이다. 애끓는 간절한 기도의 대상이 없다는 건 내가 진정으로 사랑하는 사람이 없으며, 그런 기도를 해본 적이 없다는 건 지금까지 진정으로 사랑한 사람이 없다는 반증이다. 그러고 보니 내가 진정으로 누구를 사랑하는가에 대한 고민을 해본 적이 별로 없다. 내 심장을 떼 내어 주는 고통을 경험한 적이 없다. 평생 신앙인으로 사랑을 가르치며 살아온 나의 존재가치를 다시 생각하게 된다.

이스라엘 백성들은 다윗을 사랑했다. 사람들은 왕이 백성들을 사랑하는 것만을 생각한다. 그러나 진정한 관계는 서로 사랑하는 것이다. 부부나 부모와 자녀의 관계라면 너무 당연하다고 생각하지만, 왕과 백성의 사이에서는 서로 사랑하는 관계에 대한 이해가 없다.

이 관계는 일방이어야 한다고 생각한다. 이는 사랑에 대한 잘못된 이해이다. 성경은 백성만이 아니라 심지어 사울의 군대 장관들도 다윗을 사랑했다고 기록하고 있다 (삼상 18장 참조). 평생 자신들이 몸 바친 그 자리를 일개 목동이 골리앗을 죽이는 행운으로 차지하지 않았던가? 조직과 서열의 문화가 여느 조직보다 강하고 계급이 전부인 군대에서 평생을 보낸 군인들이 어쩌다 운이 좋아서 골리앗을 죽인 다윗이 자기보다 더 높은 자리에 앉혀진다는 사실을 당연하다고 생각했다. 이것은 상식적으로 가능한 일이 아니다. 아마 우연히 일어난 일은 아닐 것이다. 사랑을 받은 사람은 사랑할 줄 안다. 사랑은 내 것이 아니라 하나님의 것인데, 하나님께서 우리에게 주셨기 때문이다. 다윗은 사람들뿐 아니라 하나님께 사랑을 받았다. 그는 이 사랑을 만나는 사람들에게 나누어 주었고, 그들은 다윗을 사랑하였다. 하나님 외에는 일방적인 사랑은 없다. 하나님으로부터 일방적인 사랑을 선물로 받았지만, 인간은 항상 받은 만큼만 돌려주려 한다. 이것이 인간의 생리이다. 원래 인간은 그렇지 않게 지음을 받았다. "내 뼈 중에 뼈요, 살 중에 살"이라고 고백했던 사랑의 관계에서 "하나님이 내게 주신 저 여자"라는 삼인칭의 관계로 변화시킨 죄성이 여전히 인간의 마음속 깊은 곳에 자리하고

있다. 사랑조차도 이기적인 죄성의 욕망으로 본질을
변화시키는 것이 바로 인간의 마음이다.

사람들은 누군가에게 사랑을 받고 있다는
사실을 예민하게 느낀다. 그것은 말로 한다고 믿어지지
않는다. 인간은 영적인 존재이다. 백성들은 그 사랑을
다윗으로부터 느꼈다. 다윗은 사울에게 쫓겨 광야에서
도망 다닐 때 자신 한 몸 건사하기도 어려웠지만, 그를
따라온 300명의 백성을 뿌리치지 않았다. 세상에
300명의 남녀노소로 구성된 오합지졸을 달고 다니는
도망자를 상상이나 할 수 있겠는가? 그러나 그는 이 일을
마다하지 않았다. 다윗을 따라다니며 매일 숨 막히는
위기의 순간을 넘기는 그 백성들의 마음에 다윗은
누구였을까? 어려움을 마다하지 않고 아무런 도움도
되지 않는 사람들에게 할 수 있는 최선을 다하는 다윗에
대한 백성들의 마음은 어떠했을까? 어쩌면 그들은
평생 갚을 수 없는 은혜를 다윗에게 입었다고 생각했을
것이다. 그래서 전쟁에서 어려움을 겪고 있는 왕을 위해
진정으로 기도할 수 있는 마음이 우러나온 것이 아닐까?
그 마음을 하나님께서 받으신 것이다.

6   여호와께서 자기에게 기름 부음 받은 자를
       구원하시는 줄 이제 내가 아노니 그의 오른손의

구원하는 힘으로 그의 거룩한 하늘에서 그에게

응답하시리로다

　　기도 사역은 참 이상한 경험을 많이 하게 한다.
"이제 내가 아노니"(Now I know that)는 어떤 사실에 대한
확증이나 경험을 이야기한다. 단순히 지식적인 앎뿐만
아니라 경험적으로 이해할 수 있다는 것이다. 이러한
이해는 체험을 동반한다. 우리는 기도가 이해를 넘어
체험으로 이어지는 통로를 걸어 본 경험이 있다. 쉬운
말로 그것을 '응답'이라고 한다. 응답은 반드시 기도한
내용이 지금 눈앞에 펼쳐지는 상태를 의미하지 않는다.
응답은 그 상황을 주관하시는 이의 뜻을 내가 알았다는
것이다. 그래서 더 이상 염려하거나 걱정하지 않겠다는
것이다. 그렇다고 이제 그 기도는 그만하겠다는 뜻은
아니다. 응답을 확신하는 기도는 기쁨이다. 그리고
감사이다. 응답의 주체가 하나님이심을 믿음을 의미한다.
"우리는 여호와 우리 하나님의 이름을 자랑하리로다"
라는 고백이 기도의 의미를 대신하고 있다.

　　아직 전쟁에 나갔던 이들이 돌아오지
않았지만, 기도하는 자들은 그들이 돌아오는 모습을
보고 있다. 마치 씨를 뿌리는 자의 눈에 누렇게 익어
추수하게 된 곡식을 바라봄과 같다. 만약에 씨를 뿌리는

자가 곡식단의 기쁨을 경험하지 못했다면 그는 그것을 눈앞에서 볼 때까지 불안에 휩싸여 있을 것이다. 전쟁터에 나가 있는 왕을 위한 기도는 더 이상 불안이 아니라 확신이었다. 백성들은 기도에 대한 하나님의 응답을 기대하고 있었지만 다른 면에서 하나님께서는 언제나 왕을 지키시는 분이라는 믿음 또한 가지고 있었다.

그렇다. 기도는 현재와 미래를 연결하는 통로이다. 현재에서 미래를 보는 눈이다. 내가 보는 것이 아니라 하나님께서 보여 주신다. 하나님께서 아브라함에게 "내가 하려는 것을 아브라함에게 숨기겠느냐"(창 18:17)라고 하셨다. 동일하게 하나님께서 하시려는 일을 기도하는 믿음의 자녀들에게 보여 주시지 않겠느냐는 뜻일 것이다. 왜냐하면 기도는 하나님께서 하시는 일에 나를 동참시켜 주시는 방법이기 때문이다. 그래서 우리는 습관적으로, 의미 없이, 필요가 생각나면 그때 기도하기 때문에 기도의 능력과 역사를 잘 모른다. 기도는 우리의 삶의 방식이나 일의 방식이 아니기 때문이다. 기도는 철저히 하나님 나라의 방식이다. 미래에 대한 어떤 생각을 비전(vision)이라고 한다. 비전이란 현재에서 미래에 이루어질 일을 보는 것이다(to see the future). 미래를 볼 수 있는 사람이

어디 있겠는가? 그러나 비전을 가진 사람은 미래를 볼 수
있다. 이와 같이 기도를 통해서 미래를 본다. 하나님께서
일하심을, 하나님께서 이루실 일을 지금 내가 보고
있는 것이다. 하지만 우리는 눈앞에서 일어나는 나와
관련된 응답에 모든 신경과 시선을 고정하고 있다.
나의 필요만을 보지, 그 속에 있는 하나님의 섭리나
계획에는 관심조차 없다. 이 땅에서 하나님의 백성으로
살고 있다고 말하면서도 사실은 하나님의 나라에 전혀
관심이 없다. 만약 우리가 하나님의 백성을 자처한다면
기도를 통해 무엇을 구하며 그것이 단지 필요를 채우는
것만이 아닌 하나님 나라와 관련된 하나님의 섭리 안에
포함되어 있다는 사실을 알아야 한다.

　　　　기도는 분명 필요를 채워 주시기를 원하는
바람의 성격이 있고, 채워 주시는 하나님의 은혜의
손길이 포함되어 있다. 그러나 기도에서 더 중요한 것은
이 땅과 삶에서 하나님의 뜻이 이루어지며 하나님의
이름이 영화롭게 되는 것이다. 어쩌면 사소한 기도의
내용을 하나님의 뜻과 영광이 이루어지는 일에 연결하기
어려울 수 있다. 또한 그 기도 제목이 너무 크다는 느낌이
들 때면 도대체 나의 기도가 무슨 도움이 되겠는가라는
자조적인 생각이 들기도 한다. 그러나 위급한 상황에
있는 다윗 왕을 위해 멈추지 않았던 이스라엘 백성들의

기도는 다윗의 능력에 대한 신뢰가 아니라 다윗을 주장하시는 하나님을 신뢰한 반응이다. 우리 기도의 간절함은 하나님에 대한 신뢰에 근거한다.

선한 목자와 양의 관계

[1]여호와는 나의 목자시니 내게 부족함이 없으리로다 [2]그가 나를 푸른 풀 밭에 누이시며 쉴 만한 물 가로 인도하시는도다 [3]내 영혼을 소생시키시고 자기 이름을 위하여 의의 길로 인도하시는도다 [4]내가 사망의 음침한 골짜 기로 다닐지라도 해를 두려워하지 않을 것은 주께서 나와 함께 하심이라 주

의 지팡이와 막대기가 나를 안위하시나이다 ⁵주께서 내 원수의 목전에서 내게 상을 차려 주시고 기름을 내 머리에 부으셨으니 내 잔이 넘치나이다 ⁶내 평생에 선하심과 인자하심이 반드시 나를 따르리니 내가 여호와의 집에 영원히 살리로다

시편 23편은 다윗이 언제 지었는가에 대한 의견이
분분하다. 일부 학자들은 그가 젊은 시절 어려운 때에
쓴 기록으로 추측한다. 당시 대부분이 사울에게 쫓기는
생활이었기 때문에 23편에 서술하고 있는 "원수의
목전에서"와 같은 문장이 매우 사실적으로 다가온다.
다윗의 도망자 생활을 연상시키며, 그때 다윗이 느낀
위기감과 그 가운데 하나님을 끝까지 의지하는 모습을
생각해 보게 된다. 본문에 대한 다른 의견은 다윗이
왕이 되고 시간이 많이 흐른 후 지난 시간을 돌아보며
기록했을 것이라는 견해이다. 개인적으로는 이 관점에
동의하는 편이다. 단순히 짧은 시간에 대한 소회보다
자신을 돌아보며 긴 호흡으로 하는 인생의 고백과 같은
느낌을 받기 때문이다.

1   여호와는 나의 목자시니 내게 부족함이 없으리로다

먼저 다윗은 목자이신 하나님 앞에 자신이 '양'
임을 고백하고 있다. 성경에서 누구도 스스로를 양이라고
고백한 사람은 없다. 이사야는 "우리는 다 양 같아서"(사
53:6)라고 고백하며 인간이 가진 죄성이나 속성이 양과
같다고 고백했지만, 스스로를 양으로 표현한 사람은 없다.
다윗이 이 본문을 말년에 썼다면 노년의 왕이 하나님
앞에서 자신을 양이라고 지칭하는 일을 감히 상상할 수
있겠는가? 다윗은 헤브론에서 7년, 온 이스라엘에서 33년
전체 40년간을 왕으로 지낸 사람이다. 또한 당시의 왕은
지금의 국가 통치자와는 전혀 다른 위상이나 성격이다.
소위 말하는 만인의 지존(至尊)이며 지상(至上)인 것이다.
그의 말은 곧 법이며 명령이다. 사람의 생사여탈권이
그의 말에 달려 있다. 이것이 전제 국가 시대의 왕이다.
당시에 왕은 그런 자리였다. 그러한 왕 다윗이 하나님을
향해 "당신은 목자이시며, 나는 당신의 보호 아래 있는
양입니다"라고 고백하고 있다.

양에게 목자는 생명과 같은 존재이다. 벌판에서
목자 없는 양은 곧 죽은 목숨이다. 다윗은 그랬다.
하나님 앞에서는 완전히 무장 해제되었다. 언약궤가

예루살렘으로 들어올 때, 너무 기쁜 나머지 복장을
제대로 갖추지 않고서 백성들과 함께 춤을 추었다. 이
광경을 보고 그의 아내 미갈이 제발 왕으로서의 체통을
지키라고 했다. 그러나 다윗에게는 하나님 앞에서
왕으로서 체통을 지키는 일이 그리 중요하지 않았다.
하나님 앞에서는 더 이상 왕이 아니라 그냥 다윗이며,
마냥 벌판에서 뛰어노는 양일 뿐이었다. 다윗은 목자와
양의 관계를 누구보다 정확하게 이해하고 있었다.
목자였던 다윗은 양이 얼마나 무기력한 존재인지를 알고
자신을 그렇게 표현하고 있다.

　　　　인간이 갖고 있는 결핍의 내용은 매우
다양하다. 소아적 결핍이 있는가 하면 생활에서 느끼는
필요에 대한 결핍, 그리고 감정적인 결핍도 있다. 어떤
결핍은 매우 긍정적으로 반응한다. 결핍은 때때로
생활이나 삶에 대한 목표나 활력을 제공한다. 그러나
많은 경우 삶에 부정적 요소로 등장한다. 다윗은
아버지 이새의 집에서 별로 인정을 받지 못한 위치였다.
막내였기에 다른 형제들은 다 집에 있는데 혼자 벌판에
나가 양을 돌봐야만 했다. 당시의 산업이 농경과
목축업이었지만 목자는 대접받지 못하는 직업이었다.
다윗은 그렇게 성장했다. 양들이 친구였고 자연이
놀이터였다. 벌판에서 양을 돌보는 일은 그리 쉽지

않았다. 양을 위하여 좋은 풀을 찾아야 하고, 양을 노리는 맹수와도 싸워야 하고, 밤의 혹독한 추위를 견디어야 했다. 그러나 무엇보다 혼자 있는 외로움은 더 힘든 싸움이었을 것이다. 형제들은 모두 집에 있는데, 이렇게 벌판에 나와서 양을 지키고 있는 것에 불만이 있을 수 있었다.

그러나 그는 결핍을 경험했음에도 긍정적인 행보를 보였다. 도망자 시절에 그를 따르기를 원하는 300명의 사람들을 잘 보살펴 주었고, 그들은 다윗을 사랑했다. 그의 삶을 살펴보면 한 번도 결핍을 느끼지 못한 사람처럼 보인다. 이것이 과연 가능한가? 가능하다는 사실을 다윗이 증명하고 있지 않은가? 아마 그가 목동으로 있을 때 때로는 어리석고 무기력하고 고집쟁이인 양들이 한심해 보이고 힘들었을 것이다. 그럼에도 불구하고 자신을 양으로 지칭했다. 그리고 양이 누리는 가장 행복한 상태가 지금의 모습이라고 고백하고 있다. 목자로서 기르던 양에게 최선을 다해 준 경험을 가지고 있기에 목자이신 하나님께서 베푸신 은혜가 자신이 누릴 수 있는 최선이라고 생각했다.

3   내 영혼을 소생시키시고 자기 이름을 위하여 의의
         길로 인도하시는도다

요즈음은 사람들과 관계의 폭이 매우 넓다. 의도적으로 관계를 넓히려고 많은 노력을 하고, 그래서 여러 모임에 꼬박꼬박 참석한다. 참석할 때마다 최소한 명함 몇 장은 꼭 들고 온다. 그렇다고 그 사람들과 관계가 형성되는 것은 아니다. 그러기 위해서는 얼마나 많은 시간이 소요될지 알 수 없다. 게다가 좋은 관계가 되는 일은 별개의 문제이다. 좋은 관계란 무엇일까? 앞에서도 인용한 《어린 왕자》에서 좋은 관계는 "길들여진 관계"라고 했다. 길들여진 관계란 서로에게 편안함을 주는 관계이다. 보고 싶어 하고 기다리는 관계이다. 많은 사람들과 이런 관계를 유지할 수 있는 능력을 가진 이들이 참 부럽다. 그런데 편안함을 주는 관계에서 한 걸음 더 나아간 것이 '영을 소생시키는 관계'이다. 영을 소생시킨다는 의미는 "힘을 갖게 한다"이다. 즉 회복을 의미한다. 만남이 회복인 관계는 참으로 아름답다. 우리에게 가장 큰 힘을 갖게 하고 회복시키는 관계는 가족이며, 옛 친구이다. 선한 목자와 양의 관계가 그렇다.

다윗은 양으로서 목자이신 하나님과의 관계에 있을 때 힘을 얻게 되며 회복된다고 말한다. 이 회복은 단순한 여흥이나 즐거움이 아니다. 이 회복은 의로울 때 가능하다. 관계에서 선한 목적이나 동기나 과정이 아니면 결국은 깨어지거나 나누인다. 깨어지거나 나누이는 것은

최종적인 모습이다. 그 과정에서 얼마나 많은 감정의
소모가 있으며 악한 마음이 소용돌이치는지 헤아릴 수
없다. 깨어지고 나누이기 전에 이미 서로에게 더할 수
없는 상처를 주었고, 회복할 수 없는 관계가 되고 말았다.
따라서 관계는 선을 추구할 때, 의를 지향할 때 회복이
있다. 이름은 자신의 정체성이며 성품이다. 하나님께서
자신의 이름을 걸고 의의 길로 걸어가신다. 그리고
우리는 그 길을 따라간다. 그 길이 곧 회복이다.

4 　　　내가 사망의 음침한 골짜기로 다닐지라도 해를
　　　　두려워하지 않을 것은 주께서 나와 함께 하심이라
　　　　주의 지팡이와 막대기가 나를 안위하시나이다
5 　　　주께서 내 원수의 목전에서 내게 상을 차려 주시고
　　　　기름을 내 머리에 부으셨으니 내 잔이 넘치나이다

　　　　다윗은 생애를 통해서 겪은 위기의 순간을
"사망의 음침한 골짜기"라고 부른다. 그 말의 뉘앙스가
많은 의미를 내포하고 있다. 다윗이 겪은 위기의 순간은
언제나 목숨이 걸린 급박한 순간이었다. 사실이 그랬다.
목자를 떠난 양은 언제나 목숨과 관련된 순간을 맞는다.
다윗도 그랬다. 사울에게 쫓기고, 블레셋에 목숨을
구걸했고, 작은 이익을 위해서 국민 영웅인 다윗의 숨은

장소를 밀고하는 사람들에게 배신을 당했다. 그러나 다윗은 당당했다. 역전의 시간이 왔지만 직접 원수 갚는 일 하길 원치 않았다. 그러한 기회가 반복되었지만 신념을 지켰다. 그것은 다윗의 신념이라기보다 하나님에 대한 신뢰였다. 하나님의 원칙에 대한 존중과 신뢰가 다윗이 가진 최고의 무기였다. 물론 다윗은 이스라엘의 추앙받는 군대 장군으로 자리매김하고 있었지만, 무기와 부하들의 숫자가 그의 힘이 아니었다. 그의 힘은 하나님에 대한 전적인 신뢰와 순종이었다.

사람들은 다윗과 같은 이들이 지키는 '하나님에 대한 전적인 신뢰와 순종' 원칙의 무기력함과 비현실성을 알고 있다. 적어도 자신의 힘을 신뢰하는 자들의 눈에는 다윗과 같은 사람들은 무능하기 그지없는 부류들이다. 사람들을 억누르고 강제할 수 있는 힘이 없기 때문에 하나님의 원칙을 들먹이며 핑계를 대고 있다고 생각한다. 그들은 하나님의 원칙에 관심이 없고, 문제는 스스로 해결하는 것이 진리라는 신념을 신봉하는 자들이다. 그래서 그들이 주장하는 가장 중요한 가치관은 자강불식 (自强不息, 스스로 강해지기 위해서 끊임없이 노력하는 것)이다. 그러니 날마다 마음 편할 날이 없다. 끊임없이 훈련해야 하고, 남을 의식해야 하고, 주위를 살펴야 하는 피곤한 삶이다. 단 하루도 긴장을 풀 수 있는 날이 없다. 그러나 하나님께서는 지팡이와 막대기로 나를 지켜 주시고, 적을 물리쳐 주신다. 칼과 창도 아닌 지팡이와 막대기가 어떻게 방어와 공격의 무기가 될 수 있겠느냐고 말할 수 있지만 수많은 병사와 무기를 가지고도 이길 수 없었던 골리앗을 물맷돌 단 한 개로 이겨 버린 일을 기억해야 한다. 다윗의 물맷돌이 이스라엘의 온 군인들이 감당할 수 없었던 골리앗을 이겼다면 하나님의 지팡이와 막대기는 더할 나위가 없다. 그 무기가 무엇이냐가 문제가 아니라 누가 그 무기를 사용하는가가 관건이기 때문이다. 양들에게 목자의 지팡이와 막대기는 얼마나 큰 의지인가? 그것은 그들의 생명을 지키는 도구이다.

하나님을 믿는다는 것은 지금까지 살아왔던 삶의 차원을 넘어서는 일이다. 그러나 아직도 그 경험을 하지 못하고 살아왔던 범주 안에만 있다. 내 옆에 목자가 지팡이와 막대기를 가지고 있음에도 불구하고 여전히 불안한 눈빛으로 주위를 경계하면서 풀을 먹고 물을 마신다. 이것은 예전의 습관이 남아 있어서가 아니라 목자를 온전히 신뢰하지 못하기 때문이다. 그의 약속을 믿지 못함이다. 목자를 신뢰하지 못하면 주어진 푸른 초장과 쉴 만한 물가, 그리고 원수의 목전에서 베풀어진 만찬은 여전히 '그림의 떡'과 같은 존재이다. 대부분의 그리스도인이 이렇게 살고 있다. 목자를 믿지 못하는 것은 생각하지 않고 충분히 주어지지 않았다고 원망한다. 목자 되신 주님을 전적으로 의존하지 않기 때문이다.

'전적 의존'은 관계에 바탕을 둔다. 양이 목자와 어떤 관계인가를 생각해야 한다. 성인으로서 전적 의존이란 의미를 생각하면 기분이 썩 좋지 않다. 자신의 부족함이 부각되는 것 같기 때문이다. 따라서 사람들은 전적 의존보다는 '독립적 의존' 혹은 '독립적 혜택'을 더 기대하는 것 같다. 그러나 관계는 결코 독립적이지 않다. 독립적인 관계는 그냥 남이고, 무관심이다. 전적 의존이 풍성한 삶을 약속한다.

6   **내 평생에 선하심과 인자하심이 반드시 나를 따르리니**
         내가 여호와의 집에 영원히 살리로다

오래전 학업을 위해 외국에 갔을 때 처음 듣게 된 말 중 하나가 "lifetime warranty"였다. 쉽게 말하면 '평생 보장'이다. 물건을 버릴 때까지 사용할 수 있도록 해주겠다는 약속이다. 내가 그 물건을 포기하는 것이지, 그 물건을 만든 회사가 고객인 나를 포기하지는 않겠다는 말이다. 얼마나 멋진 말이며 감동적인가? 그래서 그 물건을 구매한 적이 있다. 그러나 그 물건의 성능이 생각보다 낫지 않을 때, 더 좋은 제품이 다른 회사에서 출시되면

'lifetime warranty'의 보장은 의미가 없게 된다. 이 세상의 약속은 그렇다. 그러나 하나님께서 우리에게 약속하신 하나님의 선하심과 인자하심의 'lifetime warranty'는 세상이 주는 약속과는 완전히 다른 의미이다. 영원히 풍성한 삶의 warranty이다. 이것이 이해가 되지 않는 이유는 우리가 영원의 경험이 없기 때문이다. 영원은 이 땅의 모든 한계를 벗어나는 경험이며, 하나님 나라에 완전하게 속해지는 상황이기 때문이다. 인간은 경험한 것만 믿는다. 그러나 하나님을 믿는다는 것은 경험해 보지 못한 사실을 하나님의 이름과 능력에 대한 완전한 믿음으로 나아가는 것이다.

하나님이 내주신 과제

¹여호와여 내가 주께 피하오니 나를 영원히 부끄럽게 하지 마시고 주의 공의로 나를 건지소서 ²내게 귀를 기울여 속히 건지시고 내게 견고한 바위와 구원하는 산성이 되소서 ³주는 나의 반석과 산성이시니 그러므로 주의 이름을 생각하셔서 나를 인도하시고 지도하소서 ⁴그들이 나를 위하여 비밀히 친 그물에서 빼내소서 주는 나의 산성이시니이다 ⁵내가 나의 영을 주의 손에 부탁하나이다 진리의 하나님 여호와여 나를 속량하셨나이다 ⁶내가 허탄한 거짓을 숭상하는 자들을 미워하고 여호와를 의지하나이다 ⁷내가 주의 인자하심을 기뻐하며 즐거워할 것은 주께서 나의 고난을 보시고 환난 중에 있는 내 영혼을 아셨으며 ⁸나를 원수의 수중에 가두지 아니하셨고 내 발을 넓은 곳에 세우셨음이니이다 ⁹여호와여 내가 고통 중에 있사오니 내게 은혜를 베푸소서 내가 근심 때문에 눈과 영혼과 몸이 쇠하였나이다 ¹⁰

—

내 일생을 슬픔으로 보내며 나의 연수를 탄식으로 보냄이여 내 기력이 나의 죄악 때문에 약하여지며 나의 뼈가 쇠하도소이다 [11]내가 모든 대적들 때문에 욕을 당하고 내 이웃에게서는 심히 당하니 내 친구가 놀라고 길에서 보는 자가 나를 피하였나이다 [12]내가 잊어버린 바 됨이 죽은 자를 마음에 두지 아니함 같고 깨진 그릇과 같으니이다 [13]내가 무리의 비방을 들었으므로 사방이 두려움으로 감싸였나이다 그들이 나를 치려고 함께 의논할 때에 내 생명을 빼앗기로 꾀하였나이다 [14]여호와여 그러하여도 나는 주께 의지하고 말하기를 주는 내 하나님이시라 하였나이다 [15]나의 앞날이 주의 손에 있사오니 내 원수들과 나를 핍박하는 자들의 손에서 나를 건져 주소서 [16]주의 얼굴을 주의 종에게 비추시고 주의 사랑하심으로 나를 구원하소서 [17]여호와여 내가 주를 불렀사오니 나를 부끄럽게 하지 마시고 악인들을 부끄

럽게 하사 스올에서 잠잠하게 하소서 ¹⁸교만하고 완악한 말로 무례히 의

인을 치는 거짓 입술이 말 못하는 자 되게 하소서 ¹⁹주를 두려워하는 자를

위하여 쌓아 두신 은혜 곧 주께 피하는 자를 위하여 인생 앞에 베푸신 은혜

가 어찌 그리 큰지요 ²⁰주께서 그들을 주의 은밀한 곳에 숨기사 사람의 꾀

에서 벗어나게 하시고 비밀히 장막에 감추사 말 다툼에서 면하게 하시리이

다 ²¹여호와를 찬송할지어다 견고한 성에서 그의 놀라운 사랑을 내게 보이

셨음이로다 ²²내가 놀라서 말하기를 주의 목전에서 끊어졌다 하였사오나

내가 주께 부르짖을 때에 주께서 나의 간구하는 소리를 들으셨나이다 ²³

너희 모든 성도들아 여호와를 사랑하라 여호와께서 진실한 자를 보호하시

고 교만하게 행하는 자에게 엄중히 갚으시느니라 ²⁴여호와를 바라는 너희

들아 강하고 담대하라

본 시편은 큰 소리로 읽기보다는 조용히 고백하듯
읊조리는 편이 더 어울릴 것 같다. 다윗이 조용히 가슴을
움켜쥐며 하나님께 읊조리는 고통은 무엇이었을까?
때로는 크게 부르짖는 아픔보다 낮고 조용히 읊조리는
기도의 소리에서 더 큰 고통을 느낄 수 있다. 너무
상처가 깊어서 크게 부르짖지도 못한다. 창자가
끊어질 듯한 고통 가운데 어떻게 크게 부르짖을 수
있겠는가? 아들을 낳지 못해서 남편의 다른 아내에게
말할 수 없는 멸시를 받는 한나는 참을 수 없는 고통을
견디고 있었다. 고통스런 그녀의 기도를 제사장 엘리는
이해할 수 없었다. 그리고 그녀에게 독주를 끊으라는
점잖은 충고를 했다. 그 말에 한나는 적잖이 당황했다.
그녀가 성전에서 읊조린 기도가 그러지 않았을까?
고통스럽지만 대놓고 표현할 수 없고, 누구도 그 고통에
다가설 수 없는 상황.

다윗이 겪은 고통 대부분은 사울에게 쫓겨서 이리저리 도망을 다닌 것이다. 나라를 구한 영웅에서 영문도 모른 채 사울의 정적으로 전락하여 자신을 죽이려는 사울을 피해 도망자가 되었다. 오랜 시간 도망자가 된 신세에 억울함이 차오르기도 했다. 차라리 힘들고 외롭긴 했어도 양들을 끌고 다니며 들판에 있는 편이 더 나았다는 생각도 들었을 것이다. 그때는 어떤 상황에서도 당당하고 자유롭고 즐거웠다. 양들이 낳은 새끼를 안으면 뿌듯했고, 자신을 바라보는 양들의 눈을 보면 사랑스러웠고, 들판의 흘러가는 구름을 보면 평화로움을 느낄 수 있었다. 하지만 민족의 영웅으로, 왕의 사위로 모든 사람에게 부러움과 칭송을 받았음에도 그것은 이미 메아리가 되어 골짜기 너머로 사라졌다. 그 대신 어떤 위험이 도사리고 있지 않을까 조바심 가득 찬 눈길로 사방을 둘러봐야 했다. 불안한 시간은 날마다 그의 어깨 위에 쌓여 갔다. 이 과정을 통해 얻는 것은 무엇인지 누군가 정확하게 확인해 준 바도 없다. 다만 이렇게 사울에게 잡혀서 억울하게 죽을 수는 없다는 생각만 가득했다. 그리고 아둘람 굴에서부터 함께한 다윗의 부모와 사회에서 버려진 자들 400명이 합류하면서 더 이상 개인적인 도망자가 아니었다. 그의 어깨에 지워진 책임감과 부담감은 말할 수 없이 무거웠지만, 그

의미가 무엇인지는 그때도 명확하지 않았다.

그 시간이 지속될수록 다윗은 혼자 있는 시간이 많아졌고, 이 가운데 있는 하나님의 뜻을 알기 원했다. 그러나 최소한 사울에게 붙잡혀 그에게 더 큰 영광을 주는 일은 하고 싶지 않았다. 그런데 시간이 지나면서 다윗은 다른 생각을 하기 시작했다. 사울과의 전쟁이 아니라 마치 매일 하나님께서 제출하는 문제를 풀어 가는 상황이라는 생각을 한 것이다. 그렇다면 상황은 전혀 다르다. 사울은 잡으려 하고 자신은 도망하는 것을 최선으로 생각했는데, 전혀 잘못된 생각이었다. 그에게 주어진 과제는 날마다 하나님께서 하시는 말씀의 의미를 이해하고 순종하는 것이었다. 사울의 뒤를 보러 동굴에 들어왔을 때, 이제 더 이상 도망할 곳이 없다는 생각을 했다. 하지만 사울은 다윗과 일행이 그 동굴에 있다는 것을 눈치채지 못했다. 다윗은 사울의 옷자락을 베어 냄으로 죽일 수 있는 기회가 있음에도 불구하고 그렇게 하지 않았다고 사울에게 항변했다. 그런데 다시 생각해 보면 수백 명의 사람이 동굴에 있었는데, 사울도 그의 군대도 눈치채지 못했다면 누가 믿겠는가? 그 협소한 동굴을 떠올려 보라. 비슷한 일은 한 번 더 일어난다. 다윗의 수하들이 기브아에서 다윗을 잡으러 온 사울의 군대가 진을 친 그 진영에 들어가서 사울의 물병과

창을 가지고 온다. 이것은 사울을 죽일 수 있는 기회가
있었지만 그렇게 하지 않았다는 또 다른 증거였다. 이로
인해 사울은 자신의 진영으로 돌아가게 되었고, 두
사람이 다시는 만날 기회가 없었다.

사울은 쟁취하지도 않은 왕권을 지키려고
나라를 구한 영웅인 다윗을 정적으로 만들어서 죽이려고
온갖 노력을 했다. 사울은 인생에서 언제나 자신이
주인이었다. 이제 어린 시절 겸손하고 순종적이고
다른 사람의 말을 경청하던 사울은 없었다. 어떤
면에서 사울은 매우 훌륭한 왕이었다. 그가 왕으로
있던 기간에 전쟁에서 진 일이 별로 없었고, 그것은
백성들의 바람이었다. 그 이유로 백성들이 왕을
요구하지 않았던가? 다윗이 골리앗을 죽인 일은 매우
큰 사건이지만, 주변 나라와의 많은 전쟁 중 하나였다.
따라서 우리가 생각하는 사울 왕과 당시 이스라엘
백성들이 생각했던 사울 왕은 많은 차이가 있을 것이다.
이와 같이 이스라엘 사람들이 생각하는 다윗은 우리의
생각과 매우 다를 수 있다. 다윗은 자신이 겪고 있는
상황과 아무런 상관이 없던 인물이었다. 그가 원해서
발생한 일들이 아니었다. 들판에 있는 어느 날 불러
기름을 부었고, 아버지 심부름을 가서 골리앗과 싸웠고,
의지와 상관없이 왕의 사위가 되었다. 급기야는 도망자가

된 지금도 본인이 계획한 것은 없었다. 처음에는 도망치기에 바빴지만 시간이 지나면서 도망자가 된 상황, 그 가운데 일어나는 일들, 그가 모압에 있을 때 선지자 갓을 통하여 이스라엘로 돌아오게 하신 일 등을 생각해 보게 되었다. 그것은 하나님께서 개입하고 계시다는 분명한 증거였다.

　　　가끔은 우리도 이러한 일을 겪는다. 지금 겪는 어려움에 하나님께서 간섭하고 계심을 느끼는데, 어려움은 끝날 기미가 보이지 않을 때가 있다. 당연히 하나님께서 개입하시면 고난이든 무엇이든 닥친 일은 끝이 나야 한다고 생각한다. 그런데 하나님의 생각은 다른 것 같다. 이 상황을 몇 번 반복하면 하나님의 뜻과 방법을 알 만한데 실상은 그렇지 못하다. 머리로는 하나님의 뜻을 이해하지만, 마음은 여전히 내 생각이 지배하고 있다. 사실 이 시간이 가장 힘들다. 고난이든 시험이든 어떤 경우라도 그 가운데 있는 사람의 시선은 언제나 끝나는 지점만을 바라볼 뿐이다. 아브라함도 자녀에 대한 약속을 받았음에도 불구하고 하나님의 때를 기다리는 데 실패했다. 이러한 실패는 원하는 것을 이루었다거나 못 이루었다가 아니다. 하나님의 때를 신뢰하고 인내하면서 기다리는 것을 말한다. 어떤 경우는 내가 할 수 있는 일이 매우 제한된 경우도 얼마든지 있다. 다윗의 경우도 그러했으리라. 그럼에도 불구하고 다윗에게 주어진 두 번의 기회에 하나님의 뜻을 자신의 힘으로 해결하고자 하는 생각이 그에게는 없었을까? 그렇지는 않았을 것이다. 어쩌면 다윗이 고민했던 부분도 이 지점이 아니었을까 생각해 본다. 끝은 보이는데 더 이상 다가갈 수 없는 답답한 상황.

　　　어려움 한가운데에서 내가 결정해서 끝을 낼 수는 있지만 하나님의 뜻이 아님을 분명하게 느낄 때, 혹은 하나님의 뜻이 무엇인지는 알겠는데 더 이상 그 상황에 진전이 없을 때를 경험하게 된다. 이 상황을 마주하기는 매우 어렵다. 심리적으로 위축되고 하나님께서는 왜 이렇게 지속하실까를 반복적으로 되묻게 된다. 그리고 나의 방법으로 결말을 내고 싶은 유혹이 지속적으로 힘들게 한다. 이 상황에서 우리는 실패한 경험을 가지고 있다. 그 이유는 대부분 하나님에 대한 온전한 신뢰가 없어서 내 생각으로 조급하게 문제를 해결하려고 했기 때문이다. 그 순간이 지나고 나면 후회가 밀려오지만 이미 엎질러진 물이다. 돌이킬 수 없는 상황이 되었다. 더 안타까운 것은 과정에서 충분한 교훈을 얻지 못하고 또 실수를 반복한다는 점이다. 반복된 실수를 통해서 신앙의 정체성에 대해 얼마나 많은 고민과 자책을 했던가? 왜 나는 다윗처럼 끝까지 하나님을 신뢰하지 못하는 걸까?

　　　결론은 항상 사울과 같다는 것이다. 사울이
내리는 결정의 중심에는 자신이 있지만, 다윗이 내리는
결정의 중심에는 하나님의 뜻이 있다. 그 결정을 위한
다윗의 삶은 늘 눈물의 기도가 있었다. 우리의 삶도 별반
다르지 않을 것이다. 우리가 내리는 결정의 중심에 누가
있는가는 인생의 가장 중요한 문제이다.

기다림은 목적지를 향한 걸음이다

[1] 내가 여호와를 기다리고 기다렸더니 귀를 기울이사 나의 부르짖음을 들으셨도다 [2] 나를 기가 막힐 웅덩이와 수렁에서 끌어올리시고 내 발을 반석 위에 두사 내 걸음을 견고하게 하셨도다 [3] 새 노래 곧 우리 하나님께 올릴 찬송을 내 입에 두셨으니 많은 사람이 보고 두려워하여 여호와를 의지하리로다 [4] 여호와를 의지하고 교만한 자와 거짓에 치우치는 자를 돌아보지 아니하는 자는 복이 있도다 [5] 여호와 나의 하나님이여 주께서 행하신 기적이 많고 우리를 향하신 주의 생각도 많아 누구도 주와 견줄 수가 없나이다 내가 널리 알려 말하고자 하나 너무 많아 그 수를 셀 수도 없나이다 [6] 주께서 내 귀를 통하여 내게 들려 주시기를 제사와 예물을 기뻐하지 아니하시며 번제와 속죄제를 요구하지 아니하신다 하신지라 [7] 그 때에 내가 말하기를 내가 왔나이다 나를 가리켜 기록한 것이 두루마리 책에 있나이다 [8] 나의 하나님이여 내가 주의 뜻 행하기를 즐기오니 주의 법이 나의 심중에 있나이다 하였나이다 [9] 내가 많은 회중 가운데에서 의의 기쁜 소식을 전하였나이다 여호와여 내가 내 입술을 닫

지 아니할 줄을 주께서 아시나이다 ¹⁰내가 주의 공의를 내 심중에 숨기지 아니하고 주의 성실과 구원을 선포하였으며 내가 주의 인자와 진리를 많은 회중 가운데에서 감추지 아니하였나이다 ¹¹여호와여 주의 긍휼을 내게서 거두지 마시고 주의 인자와 진리로 나를 항상 보호하소서 ¹²수많은 재앙이 나를 둘러싸고 나의 죄악이 나를 덮치므로 우러러볼 수도 없으며 죄가 나의 머리털보다 많으므로 내가 낙심하였음이니이다 ¹³여호와여 은총을 베푸사 나를 구원하소서 여호와여 속히 나를 도우소서 ¹⁴내 생명을 찾아 멸하려 하는 자는 다 수치와 낭패를 당하게 하시며 나의 해를 기뻐하는 자는 다 물러가 욕을 당하게 하소서 ¹⁵나를 향하여 하하 하하 하며 조소하는 자들이 자기 수치로 말미암아 놀라게 하소서 ¹⁶주를 찾는 자는 다 주 안에서 즐거워하고 기뻐하게 하시며 주의 구원을 사랑하는 자는 항상 말하기를 여호와는 위대하시다 하게 하소서 ¹⁷나는 가난하고 궁핍하오나 주께서는 나를 생각하시오니 주는 나의 도움이시요 나를 건지시는 이시라 나의 하나님이여 지체하지 마소서

—

인생을 살면서 가장 힘든 일은 무엇일까? 누군가를 잃은
견딜 수 없는 슬픔, 헤어날 수 없는 가난, 전혀 이해되지
않는 답답함…. 하지만 결과가 보이지 않는 기다림보다
더 힘들고 답답한 일이 있을까? 기다림의 시간은
누구에게나 영혼의 소진이다. 기다림의 욕망이 강하면
강할수록 더 그렇다. 목적에 대한 집착이 강할수록
상처는 더욱 깊어진다. 집착은 기다림의 시간을 더 길게
만든다. 포기하면 기다림은 사라질까? 그렇지 않다.
기다림에서 포기란 목적을 가슴속으로 더 깊이 밀어
넣는 것이다. 그것은 언젠가 상처 입은 모습으로 자신을
밖으로 내민다. 그래서 무엇을 기다리든 기다림은
두렵다. 그리스도인들에게도 기다림은 참 어렵다. 모두
그날을 기다리는 사람들이지만 삶에서의 기다림은
고난이다.

　　　성경에서 기다림의 달인과 같은 사람들이

많다. 아브라함은 아들을 얻기 위해 25년을 기다렸다.
갈대아 우르에서 하란으로 그리고 다시 가나안으로
왔다. 아브라함의 여정을 그냥 장소의 이름만 기억하는
것은 바람직하지 않다. 그가 출발해서 중간에 거치고
마지막으로 도착한 장소까지를 지도로 꼼꼼히 확인해
보아야 한다. 그래야 적지 않은 나이에 최종 목적지가
어디인지도 모른 채 평생 살던 고향을 등지고
낯선 곳으로 떠나는 여정이 얼마나 힘들고 어려웠는지
알게 된다. 결국은 아들도 얻고 하나님에게 믿음의
조상이라는 칭호도 얻게 되었지만, 그가 치룬 고생도
어지간했다.

　　　　야곱도 그랬다. 그의 삶은 어쩌면 많은
시간이 자업자득의 성격이 강하다. 그렇게 갖고 싶었던
형 에서의 장자권을 갖는 순간 삶은 완전히 달라졌다.
무엇인가 긍정적이고 나은 삶을 기대했지만, 생각지도
못했던 도망자가 되었다. 가족을 떠나서 객지에서
완전히 홀로 된 신세였다. 이러한 삶을 전에 상상이나
했겠는가? 그로 인해 야곱이 지불한 20년의 세월은
혹독했다. 레아를 위하여 7년, 라헬을 위해서 7년 그리고
자신의 재산을 모으기 위해서 6년의 세월을 또 허비했다.
삼촌 라반에게 혹독하게 부림을 당했지만 작별 인사도
없이 야밤에 도망치는 신세가 되었다. 그러나 혹사당한

20년의 세월로도 형 에서의 마음을 다독이기에는
역부족이었다. 형의 장자권은 그때까지의 인생에
아무런 도움이 되지 못했다. 도움은커녕 인생을 완전히
망가뜨렸다.

　　　　야곱의 삶은 온통 기다림이었다. 형을 피해
고향 가나안으로 다시 돌아오기를 기다렸다. 하지만
20년 만에 돌아온 그를 누구도 반겨 주지 않았다. 조금
살 만할 때, 사랑하는 여인 라헬은 베냐민을 남겨 둔
채 먼저 세상을 떠났다. 야곱은 베냐민을 바라보면서
라헬을 기다렸다. 들판에 있는 형들을 살피러 갔던
사랑하는 요셉은 다시 돌아오지 않았다. 야곱은 날마다
무심한 광야를 바라보며 하루하루를 보냈다. 요셉은 이
기다림의 시간에 무슨 생각을 했을까? 야곱이 요셉의
인도로 애굽의 바로를 만났을 때 자신을 소개하기를,
나이가 130세이지만 나그네의 삶으로 조상들보다
험악한 세월을 보냈다고 말했다(창 47:9 참조). 그 험악한
세월의 대부분은 가슴 조린 기다림의 시간이었다.

　　　　역시 기다림의 대가는 본문의 저자인 다윗이
아닐까? 다윗의 기다림은 의지와 상관없이 펼쳐진
이끌림의 삶이었다. 아브라함처럼 평생을 살아온 고향을
떠나는 모험을 결정한 것도 아니고, 야곱처럼 에서의
장자권이 탐나서 도발한 것도 아니었다. 모든 것이

의지와 상관없이 진행되었다. 그 이유를 알기까지는
매우 오랜 시간이 필요했다. 원인을 모르고, 결과를
예측할 수도 없고, 할 수 있는 일이 없이 그냥 어떤
일이 결정되기를 무작정 기다린다는 것은 얼마나
고통스러운가? 사무엘에 의해서 영문도 모른 채 기름
부음을 받았다. 하지만 그 의미를 알지 못했고 누구도
말해 주지 않았다. 그 기름 부음은 그냥 해프닝이었다.
사무엘은 떠나갔고 자신도 광야의 일상으로 돌아갔다.
달라진 것은 아무것도 없었다. 주변을 둘러봐도 삶에
변화를 줄 만한 무엇도 찾을 수가 없었다. 누구도
기대하지 않았던 골리앗과의 싸움에서 이김으로써
잠시 동안 국민적 영웅이 되었다. 적어도 이스라엘의
여인들이 다윗을 흠모하며 "사울이 죽인 자는 천천이요
다윗은 만만이로다"(삼상 18:7)라는 노래를 듣기 전까지는
그랬다. 여인들의 무심한 그 노래는 다윗의 인생을
송두리째 바꾸어 놓았다. 그리곤 사울에게 쫓기는 삶이
되었다.

　　　　도망자의 삶을 살면서 다윗은 무엇을
기다렸을까? 사울에 이어서 이스라엘의 왕이 되는
것이었을까? 일상으로 돌아가서 예전처럼 평온한
들판의 양치기로서의 삶이었을까? 그러나 그의 앞에는
끝을 모르는 도망자의 삶과 기다림의 시간이 놓여

있었다. 다윗이 기다리고 있던 단 한 가지는 하나님께서
말씀하실 때였다. 경험을 비추어 볼 때, 그것만이 자신이
선택할 수 있는 삶의 방향임을 다윗은 분명하게 알고
있었다.

1   내가 여호와를 기다리고 기다렸더니 귀를 기울이사
     나의 부르짖음을 들으셨도다

2   나를 기가 막힐 웅덩이와 수렁에서 끌어올리시고 내
     발을 반석 위에 두사 내 걸음을 견고하게 하셨도다

3   새 노래 곧 우리 하나님께 올릴 찬송을 내 입에
     두셨으니 많은 사람이 보고 두려워하여 여호와를
     의지하리로다

모든 그리스도인은 궁극적으로 그날을
기다리는 사람이다. 이런 영광스러운 기다림 속에서도
우리의 일상은 이 땅을 사는 여느 사람과 비슷하다. 그
속에서 그리스도인으로서 기다림의 의미를 찾기는
쉽지 않다. 다만 내가 내딛는 다음의 걸음이 어디인가를
확인하는 것이 필요하다. "주의 말씀은 내 발에 등이요
내 길에 빛이니이다"(시 119:105). 기다림은 정지를
의미하지 않는다. 기다림은 진행이다. 목적지를 향해
가는 걸음이다. 목적지를 향해 가는 길에 무엇이 가장

중요한가? 그것은 표지판(signal)이다. 특히 우리 삶에서는 더욱 그러하다. 우리는 내뱉는 호흡의 매 순간이 처음이다. 평생 이 시간에 이 길을 단 한 번도 지나친 적이 없는 미지의 세계이다. 그렇기에 다음 순간에 다음 걸음에 무엇이 기다리고 있을지 절대 알 수 없다.

본문에서 다윗은 가슴을 쓸어내리며 안도의 한숨을 쉰 경험을 이야기하고 있다. "기가 막힐 수렁과 웅덩"이란 말은 듣기만 해도 생각이 많아진다. "기가 막힐 수렁과 웅덩"은 "빠져나오려고 아무리 발버둥질해도 지속적으로 미끄러져서 다시 빠져드는 웅덩"으로 정의하고 있다. 어쩌면 인생에서 웅덩이에 빠지는 경험은 누구나 있다. 평생 잊을 수 없는 아찔한 기억일 수 있고, 힘들었지만 삶을 돌아보게 하는 감사의 기억일 수 있다. 그러나 빠져나오려고 발버둥 쳐도 계속해서 미끄러져서 나올 수 없었던 곳이라면 누구에게나 악몽이다. "내가 여호와를 기다리고 기다렸더니"와 같은 다윗의 고백이 너무 절실하게 다가온다. 상황도 복잡하기에 구구절절이 설명하며 기도하기도 쉽지 않다. 그냥 "하나님, 저의 상황을 아시죠?", "주님, 도와주십시오" 같은 기도 외에 무슨 말을 더할 수 있겠는가? 그러고는 주님의 응답을 기다릴 뿐이다. 온 촉감을 세워서 새로운 낌새를 감지하려고

노력하지만 금방 어떤 일이 생기지는 않는다. 내가 그
문제를 해결할 능력이 없기 때문에 더욱 절실하다.
그래서 응답을 기다릴 수밖에 없다.

아람의 장군 나아만은 매우 중요한 요직에
있는 사람이었지만 문둥병 환자였다(왕하 5장 참조). 그가
이스라엘과의 전쟁에서 포로로 잡아 온 계집 노예가
있었다. 그 노예가 말하기를 자기 나라에 엘리사라는
선지자가 있는데 그에게 가면 당장 그 병을 고칠 수 있다
하였다. 나아만은 이 말을 믿고 그 내용을 자기 나라의
왕과 상의한다. 일반적인 상황에서 있을 수 없는 일이다.
왕의 허락을 얻어서 이웃나라 이스라엘의 선지자
엘리사를 찾아간다. 결론적으로 나아만이 제대로 찾아온
것은 맞지만 내용을 보면 다른 측면을 발견하게 된다.
포로로 잡혀 온 어린 계집 노예의 말을 듣고 그 나라의
장군이 왕과 상의한다는 것이 상황에 맞는 이야기인가?
그것은 나아만 장군의 절실함을 나타내고 있다. 절실함은
상황을 넘어선다.

맘 편하게 기다리는 사람은 없다. 기다림은
언제나 절실함을 수반한다. 사정은 개인마다 다르지만,
우리가 마주 대하고 있는 기다림은 동일하다. 지금도
우리는 웅덩이와 수렁에서 내 발을 반석 위에 두사 내
걸음을 견고하게 하시는 주님을 바라본다. 그러기에

우리의 주님을 향한 기다림이 헛되지 않은 것이다.

웅덩이와 수렁을 반석으로 바꾸시는 그의 기이하신

능력을 기대하며 기다리며 기도하는 자가 바로 우리이기

때문이다.

불안의 유일한 해독제

[1]하나님이여 사슴이 시냇물을 찾기에 갈급함 같이 내 영혼이 주를 찾기에 갈급하니이다 [2]내 영혼이 하나님 곧 살아 계시는 하나님을 갈망하나니 내가 어느 때에 나아가서 하나님의 얼굴을 뵈올까 [3]사람들이 종일 내게 하는 말이 네 하나님이 어디 있느뇨 하오니 내 눈물이 주야로 내 음식이 되었도다 [4]내가 전에 성일을 지키는 무리와 동행하여 기쁨과 감사의 소리를 내며 그들을 하나님의 집으로 인도하였더니 이제 이 일을 기억하고 내 마음이 상하는도다 [5]내 영혼아 네가 어찌하여 낙심하며 어찌하여 내 속에서 불안해 하는가 너는 하나님께 소망을 두라 그가 나타나 도우심으로 말미암아 내가 여전히 찬송하리로다 [6]내 하나님이여 내 영혼이 내 속에서 낙심이 되므로

—

내가 요단 땅과 헤르몬과 미살 산에서 주를 기억하나이다 ⁷주의 폭포 소리

에 깊은 바다가 서로 부르며 주의 모든 파도와 물결이 나를 휩쓸었나이다 ⁸

낮에는 여호와께서 그의 인자하심을 베푸시고 밤에는 그의 찬송이 내게 있

어 생명의 하나님께 기도하리로다 ⁹내 반석이신 하나님께 말하기를 어찌

하여 나를 잊으셨나이까 내가 어찌하여 원수의 압제로 말미암아 슬프게 다

니나이까 하리로다 ¹⁰내 뼈를 찌르는 칼 같이 내 대적이 나를 비방하여 늘

내게 말하기를 네 하나님이 어디 있느냐 하도다 ¹¹내 영혼아 네가 어찌하

여 낙심하며 어찌하여 내 속에서 불안해 하는가 너는 하나님께 소망을 두라

나는 그가 나타나 도우심으로 말미암아 내 하나님을 여전히 찬송하리로다

—

본 시편의 표제에 "고라 자손의 마스길"이라고 되어
있다. 고라 자손은 레위 지파로서 광야에서 모세에게
대항하다가 땅에 묻혀 죽었다. 하나님께서 광야에서
각 지파에게 직임을 주실 때 아론의 아들들은 제사장의
직임을 주셨고, 레위의 자손에게는 성전의 일을 돕는
직임을 주셨는데 그의 이름은 게르손과 고핫 그리고
므라리이다. 고핫 자손은 증거궤와 상과 등잔대와
제단들과 성소에서 봉사하는 데 쓰는 기구들과 휘장들을
운반하고 관리하는 책임을 맡았다. 고라는 고핫의
증손인데, 고라가 르우벤 자손과 이스라엘에서 이름 있는
지휘관 250명을 선동하여 모세에게 반역을 일으켰다.
그들이 반역한 이유는 모세와 아론이 이스라엘의
지도자와 제사장의 직임을 감당하는 데 별것 아닌 일로
보였던 것이다. 우리도 충분히 할 수 있는 일을 하면서
왜 그렇게 유세가 많으냐는 불만이었다(민 16:1-3 참조).

그러나 하나님께서는 자신이 세운 모세와 아론의 권위에
도전하는 이들 모두를 산 채로 땅에 묻으시고 불살라
버리셨다. 그러나 그때 고라 자손 모두가 죽은 것은
아니었다. 살아남은 고라 자손들은 여전히 레위인으로서
성전을 섬기며 성전 문을 지키고 노래하는 일을 맡고
있었다(대상 6:22; 대하 20:19 참조).

　　　본문을 보면 기도하는 자는 마치 하나님과
분리불안을 호소하는 것처럼 그분과의 관계에
집착하는 모습을 볼 수 있다. 그러나 자세히 읽어 보면
상대가 단순히 옆에 있는 존재로서가 아니라, 그에
대한 사모함이 있는 관계임을 알 수 있다. 사모(思慕)
의 의미는 "마음에 두고 애틋하게 생각하며 그리워함"
이다. 따라서 하나님에 대한 사모는 그분으로 인해
자신의 영이 충만해지며 만족하게 되는 관계를 의미하고
있다. 하나님과 우리의 관계는 상호의 관계라기보다는
일방적인 의존의 관계이다. 다른 말로는 "전적인 의존"
이라고 표현한다. 전적인 의존은 단순히 필요한 어떤 것을
공급해 주는 관계가 아니라 생명의 본질에 대한 전적인
의존이라고 할 수 있다. 즉 존재에 대한 전적인 의존이다.

1　　　　하나님이여 사슴이 시냇물을 찾기에 갈급함 같이
　　　　내 영혼이 주를 찾기에 갈급하니이다

2 　　　내 영혼이 하나님 곧 살아 계시는 하나님을 갈망하나니

　　　내가 어느 때에 나아가서 하나님의 얼굴을 뵈올까

3 　　　사람들이 종일 내게 하는 말이 네 하나님이 어디

　　　있느뇨 하오니 내 눈물이 주야로 내 음식이 되었도다

　　　　인간이 인간다워지는 순간은 자신을 독립적인
존재로 인식하는 때라고 한다. 정말로 인간이 전적으로
독립적인 존재가 될 수 있는가? 만약에 가능했다면
"인간은 사회적 동물이다"라는 명제는 언급되지 않았을
것이다. 이는 불완전한 인간이 서로에게 의존적인 관계의
형성을 통해서 불완전함을 채워 나갈 수 있기를 기대한
것이다. 그러나 근본적으로 생각하면 인간은 어떠한
사회적인 상호관계를 형성하더라도 불완전하며 자신의
불안함을 제거할 수 없다. 왜냐하면 죄의 결과이기
때문이다. 인간이 하나님과의 언약을 어기고 죄를
범함으로 사중분리를 가져왔다. 먼저는 하나님과의
단절(분리)이다. 하나님께서 인간을 만드시고 그의 영을
부어 주셨는데, 죄로 인해 영이 분리되어서 소통할
수 없게 되었다. 둘째는 자신과의 단절이다. 스스로를
믿지 못하는 것이다. 그래서 혼자 있으면 불안하고
내적 갈등이 생긴다. 셋째는 이웃과의 단절이다. 다른
사람과 올바른 관계를 형성할 수 없을 뿐 아니라 타인을

전적으로 신뢰할 수 없다. 가족조차도 전적으로 신뢰할 수 없는 존재가 된다. 넷째는 자연과의 단절이다. 원래 자연은 하나님께서 인간이 최선의 환경에서 살 수 있도록 창조하시고 조성하셨는데, 죄로 말미암아 대립하게 되어 인간은 자연을 파괴하고 자연은 인간에게 큰 재앙을 가져다주는 결과를 갖게 되었다.

그런데 우리가 하나님을 안다는 것은 죄로 인한 단절된 관계에서 회복되는 것이다. 이것은 인생에서 이전에는 겪어 보지 못했던 일이다. 한 번도 가져 보지 못한 '신뢰'라는 의미를 알게 되었으며 이해하게 된 것이다. 그리고 하나님 외에는 누구도 그 신뢰를 줄 수 없음을 확인하게 되었다. 신뢰가 주는 안정감이 얼마나 큰지를 알게 되었다. 많은 사람의 고백이 이것을 뒷받침해 준다. 이들은 하나님을 알기 전에 자신을 포함한 누구도 믿지 못했다. 그러나 하나님을 알고 나서 그분에 대한 신뢰를 통해 마음의 안정을 되찾았으며 주변 사람들에 대한 태도가 바뀌었다고 말한다. 그들은 주변에 있는 사람들을 신뢰하는 범주에서 벗어나 그들에 대한 사랑과 긍휼함을 갖게 되었다는 놀라운 고백을 한다. 왜냐하면 창조주 하나님의 신뢰를 받았다는 믿지 못할 경험을 함과 동시에 그의 영이 자신을 치유했다는 사실을 확인하게 된 것이다. 얼핏 생각하면 외적으로는 달라지지 않았지만,

내적으로 불안하던 마음에 평안함이 채워진 것이다.
고통을 겪을 때 진통제를 복용하고 나면 조금 편안해지는
것과는 질적으로 다른 깊고 지속적이며 충만함을 느낄
수 있는 완전히 다른 차원의 평안함이다. 처음에는
진통제를 복용한 후 얼마 지나지 않아 다시 찾아오는
고통처럼 되지 않을까 염려가 되었지만, 시간이 지나면서
그렇지 않음을 느끼게 된다. 이것은 하나님과의 관계를
회복하면서 누구나 경험하는 하나님 나라의 평안이다.

　　　또 하나는 나를 위하여 희생한 사람이 있음을
알게 된 것이다. 나는 지금까지 누구를 위해서 희생한
일도 없고, 왜 그렇게 해야 하는지 알지 못했다. 세상의
원리가 그렇지 않기 때문이다. 이익을 위해 목표가
달성될 때까지는 그럴 수 있지만, 아무도 관심 갖지 않는
나의 내적 평안을 위해 누군가 희생했다는 것은 믿을 수
없는 사실이다. "의인을 위하여 죽는 자가 쉽지 않고
선인을 위하여 용감히 죽는 자가 혹 있거니와 우리가
아직 죄인 되었을 때에 그리스도께서 우리를 위하여
죽으심으로 하나님께서 우리에게 대한 자기의 사랑을
확증하셨느니라"(롬 5:7-8). 이 선언이 내게 임한 것이다.
하나님의 아들인 예수 그리스도께서 죄인인 우리를
위하여 사람이 되셨고, 우리를 위하여 죽임을 당하심으로
우리가 평안을 선물로 받았다.

2004년에 상영된 〈패션 오브 크라이스트〉

라는 영화가 있다. 매우 낯익은 유명한 미국의 영화배우
멜 깁슨이 제작, 감독 그리고 공동 집필까지 했던
영화이다. 그 영화에 하나님의 마음을 알 수 있는 소름
끼치는 장면이 있다. 예수님이 로마 군인에게 잡혀서
제사장의 뜰에 묶여 있는 장면이다. 로마 군인들이
기둥에 묶인 예수님을 향해 분풀이하듯이 매질을
했다. 얼마 동안 매를 맞던 예수님이 기절을 하셨는지
바닥에 쓰러지셨다. 그러자 매질을 하던 로마 군인들이
어느 정도 매질을 했다는 데 만족하고 서로 웃으면서
채찍을 내려놓았다. 그런데 잠시 후 기절해서 누워
있던 예수님이 깨어 일어나서 다시 그 기둥에 자기 몸을
올려놓는 것이 아닌가? 나는 그 장면을 보면서 눈물을
참을 수 없었다. 바로 "그가 찔림은 우리의 허물 때문이요
그가 상함은 우리의 죄악 때문이라 그가 징계를 받음으로
우리는 평화를 누리고 그가 채찍에 맞음으로 우리는
나음을 받았도다"(사 53:5)의 장면이었다. "그가 채찍에
맞음으로 우리는 나음을 받았도다." '그렇구나, 예수님의
마음이 저 마음이었구나'를 생각하게 되었다. 그 다음은
우리가 생각하는 그 이상의 잔인한 장면이었다. 갑자기
로마 군인의 표정이 날카롭고 무섭게 변했다. 그리고
처음에 사용했던 채찍이 아닌 다른 채찍으로 도구를

바꾸었다. 날카로운 쇠갈퀴와 짐승의 뼛조각이 묶여
있는 채찍이었다. 그 채찍을 사용하여 기둥에 엎드려
있는 예수님을 향해 힘껏 휘둘렀다. 채찍이 등에
맞을 때마다 살점이 찢겨 나갔고 고통은 이루 말할 수
없었다. 그러한 채찍질은 한동안 계속되었다. 그 장면을
보면서 영화의 제작자 겸 감독이었던 멜 깁슨은 얼마나
많은 상황적 상상을 했을까, 극적인 표현이 아닌 보다
사실적인 표현을 하기 위해 얼마나 많이 이사야 53장을
읽고 묵상했을까를 생각했다. 그리고 부끄러웠다. 나는
단 한 번도 그런 생각을 해본 적이 없기 때문이었다.
평생 예수님을 믿고 목회자로 살면서 그 장면을 그렇게
치열하게 묵상해 본 적 없이 "예수님께서 우리 죄를
위해서 채찍에 맞으시고 십자가에서 돌아가셨습니다"를
수없이 강단에서 외쳤기 때문이다.

5   내 영혼아 네가 어찌하여 낙심하며 어찌하여 내
         속에서 불안해 하는가 너는 하나님께 소망을 두라
         그가 나타나 도우심으로 말미암아 내가 여전히
         찬송하리로다

         인간의 불안을 해소할 수 있는 단 하나의
방법은 하나님을 아는 것이다. 마치 우리의 고향을 찾는

것과 같다. 어릴 적 눈에 익은 고향의 산천은 어머니의 품과 같다. 마찬가지로 우리가 떠났던 하나님의 품은 '이곳이 내가 있을 곳이구나'라는 생각을 갖게 한다. 하나님을 떠나 분리와 혼돈으로 불안했던 삶의 안정을 찾을 수 있는 곳이 결국은 바로 하나님을 바라보고 이 세상이 아닌 그에게 소망을 품을 때인 것이다. 탕자가 의지대로 집을 떠나 자신이 주인인 삶을 살았지만 결국 그것은 속임수였다는 사실을 인정하며 아버지의 집으로 걸음을 돌렸을 때, 아직 그곳에 당도하지 않았지만 집 떠나기 전에 가졌던 아버지와의 살가운 관계를 기억했을 것이다. 마음 한구석에는 혹시 나를 받아주실까 불안함도 있었지만, 집 떠난 아들을 기다리신 아버지의 환대가 그의 불안을 잠재웠다. 인간의 불안을 치료할 수 있는 유일한 길은 "I am the way, I am the truth, I am the life" 라고 선언하신 그분의 길을 따라가는 것이다.

부유함을 의지하지 마라

¹뭇 백성들아 이를 들으라 세상의 거민들아 모두 귀를 기울이라 ²귀천 빈부를 막론하고 다 들을지어다 ³내 입은 지혜를 말하겠고 내 마음은 명철을 작은 소리로 읊조리리로다 ⁴내가 비유에 내 귀를 기울이고 수금으로 나의 오묘한 말을 풀리로다 ⁵죄악이 나를 따라다니며 나를 에워싸는 환난의 날을 내가 어찌 두려워하랴 ⁶자기의 재물을 의지하고 부유함을 자랑하는 자는 ⁷아무도 자기의 형제를 구원하지 못하며 그를 위한 속전을 하나님께 바치지도 못할 것은 ⁸그들의 생명을 속량하는 값이 너무 엄청나서 영원히 마련하지 못할 것임이니라 ⁹그가 영원히 살아서 죽음을 보지 않을 것인가

¹⁰그러나 그는 지혜 있는 자도 죽고 어리석고 무지한 자도 함께 망하며 그들의 재물은 남에게 남겨 두고 떠나는 것을 보게 되리로다 ¹¹그러나 그들의 속 생각에 그들의 집은 영원히 있고 그들의 거처는 대대에 이르리라 하여 그들의 토지를 자기 이름으로 부르도다 ¹²사람은 존귀하나 장구하지 못함이여 멸망하는 짐승 같도다 ¹³이것이 바로 어리석은 자들의 길이며 그들의 말을 기뻐하는 자들의 종말이로다 (셀라) ¹⁴그들은 양 같이 스올에 두기로 작정되었으니 사망이 그들의 목자일 것이라 정직한 자들이 아침에 그들을 다스리리니 그들의 아름다움은 소멸하고 스올이 그들의 거처가 되

리라 ¹⁵그러나 하나님은 나를 영접하시리니 이러므로 내 영혼을 스올의 권세에서 건져내시리로다 (셀라) ¹⁶사람이 치부하여 그의 집의 영광이 더할 때에 너는 두려워하지 말지어다 ¹⁷그가 죽으매 가져가는 것이 없고 그의 영광이 그를 따라 내려가지 못함이로다 ¹⁸그가 비록 생시에 자기를 축하하며 스스로 좋게 함으로 사람들에게 칭찬을 받을지라도 ¹⁹그들은 그들의 역대 조상들에게로 돌아가리니 영원히 빛을 보지 못하리로다 ²⁰존귀하나 깨닫지 못하는 사람은 멸망하는 짐승 같도다

—

읽을수록 소름 끼치는 전율이 스쳐 간다. 하나님을
몰랐다면 내가 살고자 했던 인생이 바로 이 모습이
아니던가. 지혜의 소리를 외면했던 삶의 결과가
그들에게 얼마나 참담하게 다가왔던가를 보게 된다.
세상에는 재물을 의지하고 부유함을 자랑하는 이들이
얼마나 많은가? 온갖 사악한 지식과 꾀를 동원해서라도
남보다 더 잘살고 더 높은 권세를 누리면 그만이라는
생각이 온 세상을 지배하고 있다. 그들은 추호도 자신의
판단에 잘못이 있다는 사실을 인정하지 않는다.
오히려 너무도 당당하고, 그것만이 살아가는 이유라고
서슴없이 말한다. 그리고 그렇지 않다고 말하는
이들에게 무능에 대한 변명이라고 강변한다. 사람들은
그들의 철통같은 논리를 뚫을 힘도 없고, 말도 안 되는
막무가내(莫無可奈) 괴변에 어이가 없어서 할 말을
잃었다. 그들은 이러한 상황에 대해 논리와 입장이

너무나 완벽하기 때문에 누구도 반박하지 못하는 것이라 착각한다. 그래서 더 당당하다.

이러한 상황에서 옳음을 증명할 수 없는 나약함이 우리의 모습이다. 그러나 하나님께서는 그들을 향하여 비웃으신다. "너희의 모든 재산과 지식과 권력을 다 동원해도 무덤에 있는 사람을 단 1초라도 일으킬 수 있는가"라고 반문하신다. 우리는 감히 그런 말을 할 수 없다. 그러나 천지의 주관자이신 하나님께서는 그들을 향해 간담 서늘한 말씀을 대놓고 하신다. 그들이 활개 치는 세상을 향해서 움츠렸던 우리의 마음이 풀리는 것을 느낀다. 그렇지! 하나님의 말씀만이 세상을 향한 무기임을 새삼 느낀다.

1   뭇 백성들아 이를 들으라 세상의 거민들아 모두 귀를 기울이라

2   귀천 빈부를 막론하고 다 들을지어다

3   내 입은 지혜를 말하겠고 내 마음은 명철을 작은 소리로 읊조리리로다

4   내가 비유에 내 귀를 기울이고 수금으로 나의 오묘한 말을 풀리로다

선거철이 되면 수많은 사람들이 합법적으로

확성기에 대고 자신의 소리에 귀를 기울여 달라고 숨
넘어가듯 외친다. 하지만 무슨 소리인지 알아들을 수도
없고, 귀 기울여 듣는 사람은 많지 않다. 다만 소음만이
울릴 뿐이다. 이 세대의 슬픈 모습이다. 남의 소리에
귀를 기울이지 않고 하고 싶은 말만 소리 높여 지르고
있는 지금의 모습은 이 세대를 대변하고 있다. 이 세대는
자신의 말은 중요하게 생각하지만 타인의 말에는
무관심하다.

　　　사실 말하기와 듣기는 하나이다. 말하고
듣는 것을 소통(Communication)이라 한다. 이 말의 어원은
라틴어로 'communicare'라고 하는데, impart, share,
혹은 make common이라는 의미를 갖고 있다. 그리고
앞에 'com'이 있으니 서로 공유하고, 생각을 같이하는
것이라고 말할 수 있다. 그러나 현대사회는 자기 말은
하되 남의 말은 듣지 않는다. 생각을 공유하지 않고 다른
사람의 생각을 공감하지 않는 세대, 자기 것만을 어떻게
해서든지 던지려는 불행한 세대에 우리는 살고 있다.
더욱 불행한 것은 누구도 왜 그렇게 해야 하는지에 대해
침묵하고 있다는 점이다. 자신의 부족함을 느끼는 사람은
다른 사람의 말에 귀를 기울인다. 그러나 현대인은
스스로를 너무 똑똑하고 현명하다고 생각하고 자신감에
차 있다. 그 자신감의 원천이 어디에 있는지 알 수 없는데

그들은 자신 있다고 말한다. 이들을 향해 하나님께서 말씀하신다. "세상의 사람들아, 뭇 거민들아, 내 말을 들으라." 이 말은 우레와 같고 거역할 수 없는 위엄을 가지고 있다.

10   그러나 그는 지혜 있는 자도 죽고 어리석고 무지한
      자도 함께 망하며 그들의 재물은 남에게 남겨 두고
      떠나는 것을 보게 되리로다
11   그러나 그들의 속 생각에 그들의 집은 영원히 있고
      그들의 거처는 대대에 이르리라 하여 그들의 토지를
      자기 이름으로 부르도다
12   사람은 존귀하나 장구하지 못함이여 멸망하는 짐승
      같도다
13   이것이 바로 어리석은 자들의 길이며 그들의 말을
      기뻐하는 자들의 종말이로다 (셀라)

자신을 위해 재물 모으는 능력을 과신했던 사람들의 결말은 참으로 비참하다. 어느 날 맞게 될 생명을 속량해야 할 시간에, 그들은 평생 모았던 재물과 자랑스럽던 부유함이 자기 생명의 값을 지불하기에는 턱없이 부족함을 깨닫게 되기 때문이다. 아니, 아무런 가치가 없음을 알게 된다. 그때 그들이 느낄 황당함은

어떤 것일까? 심지어 피땀 흘려 모은 재산을 사용해
보지도 못하고, 그것이 죽음에 대한 어떤 방패도 되지
못함을 안 순간 그들이 겪을 좌절과 후회는 상상하기가
어렵다. 그때 "사망이 그들의 목자"라고 선언하시는
하나님의 소리가 그 시간 그들에게 선명하게 들려올
것이다. 아마 그들은 그 소리가 무슨 의미인지 잘
이해하지 못할 수도 있다. 그러나 우리는 그 광경을
보고 있기 때문에 그 소리를 더욱 선명히 들을 것이다.
가슴을 쓸어내리게 하는 그 소리에 대한 떨림이 우리의
온 신경을 한곳으로 모을 것이다. 그리고 그분의 소리를
가슴에 담아 귀 기울여 다음의 음성을 들을 것이다.
그분께서 그들에게 말씀하신다. 왜 나의 소리에 귀
기울이지 않았느냐고….

15   그러나 하나님은 나를 영접하시리니 이러므로 내
      영혼을 스올의 권세에서 건져내시리로다 (셀라)

16   사람이 치부하여 그의 집의 영광이 더할 때에 너는
      두려워하지 말지어다

17   그가 죽으매 가져가는 것이 없고 그의 영광이 그를
      따라 내려가지 못함이로다

18   그가 비록 생시에 자기를 축하하며 스스로 좋게
      함으로 사람들에게 칭찬을 받을지라도

19   그들은 그들의 역대 조상들에게로 돌아가리니 영원히
      빛을 보지 못하리로다

20   존귀하나 깨닫지 못하는 사람은 멸망하는 짐승 같도다

    그들이 자랑하던 세상의 명성과 환호 그리고
재물은 어디에도 보이지 않았다. 그것을 잠시라도
부러워하고 가져 보려고 노력했던 시간이 허무함을
깨닫는다. 삶의 진정한 의미를 이해하지 못하면 인간의
눈에 보이는 허무한 것에 마음을 빼앗기기 마련이다.
그래서 마지막 순간을 보기 전까지 어리석은 인생은
그것을 알지 못하고 후회한다. 그러나 이제 후회를 번복할
수 있는 시간도 기회도 사라져 버렸다. 심판자이신
하나님의 인생에 대한 판결은 언제나 준엄하다. 그
소리에 화들짝 놀라 나의 모습을 본다.

    어느 날 무심코 듣고 반응했던 그 짧은 시간의
끌림을 그분은 기억하셨고 나의 생을 스올의 저편으로
옮기셨다. 그리고 나를 영원으로 영접하셨다. "존귀하나
깨닫지 못하는 사람은 멸망하는 짐승 같도다." 이 소리를
듣는 순간 가슴이 탁 막히며 숨이 멈추는 듯한 고통을
느꼈다. 그리고 숨을 모으고 가느다란 숨을 최대한
천천히 쉬어 내는데, 눈물이 왈칵 쏟아졌다. 아마 안도의
눈물일 것이다. 멸망할 짐승과 같은 나를 그의 소리에

미세한 반응을 했다는 말도 안 되는 이유로 사망의
구렁에서 구해 주셨다. 나라는 존재에 대한 새로운
의미는 이때의 몫이 아닐까.

통상적인 감사의 마음과 표현은 너무 값싼
감정의 반응일 뿐이다. 습관적으로 의미 없이 하는
감사와 사랑한다는 말을 이제 그치려 한다. 차라리 그냥
그를 가만히 응시함이 더 나은 선택 같다. 왜냐하면
그분이 나를 바라보고 계시기 때문이다. 나를 바라보시는
그의 눈에서 따스한 온기를 느낄 수 있다. 아무 대가 없이
나를 사랑하시는 그분의 은혜를 그냥 받으려고 한다.
왜냐하면 내게 그 은혜를 진정으로 감사하며 드릴 수
있는 그 어떤 가치 있는 것도 없기 때문이다. 어떤 의미를
담기도 어색하고 부족한 상태에서 그냥 감사를 드리려고
한다. 감사합니다. 그리고 또 감사합니다. 스올의
저편에서 안도의 숨을 내쉬며 내가 읊조릴 수 있는 말은
그것이 전부다.

평안이 오는 곳

¹하나님이여 내게 은혜를 베푸소서 내게 은혜를 베푸소서 내 영혼이 주께로 피하되 주의 날개 그늘 아래에서 이 재앙들이 지나기까지 피하리이다 ²내가 지존하신 하나님께 부르짖음이여 곧 나를 위하여 모든 것을 이루시는 하나님께로다 ³그가 하늘에서 보내사 나를 삼키려는 자의 비방에서 나를 구원하실지라 (셀라) 하나님이 그의 인자와 진리를 보내시리로다 ⁴내 영혼이 사자들 가운데에서 살며 내가 불사르는 자들 중에 누웠으니 곧 사람의 아들들 중에라 그들의 이는 창과 화살이요 그들의 혀는 날카로운 칼 같도다 ⁵하나님이여 주는 하늘 위에 높이 들리시며 주의 영광이 온 세계 위에 높아

—

지기를 원하나이다 ⁶그들이 내 걸음을 막으려고 그물을 준비하였으니 내 영혼이 억울하도다 그들이 내 앞에 웅덩이를 팠으나 자기들이 그 중에 빠졌도다 (셀라) ⁷하나님이여 내 마음이 확정되었고 내 마음이 확정되었사오니 내가 노래하고 내가 찬송하리이다 ⁸내 영광아 깰지어다 비파야, 수금아, 깰지어다 내가 새벽을 깨우리로다 ⁹주여 내가 만민 중에서 주께 감사하오며 뭇 나라 중에서 주를 찬송하리이다 ¹⁰무릇 주의 인자는 커서 하늘에 미치고 주의 진리는 궁창에 이르나이다 ¹¹하나님이여 주는 하늘 위에 높이 들리시며 주의 영광이 온 세계 위에 높아지기를 원하나이다

—

다윗은 생각보다 오랜 시간 도망자 생활을 한 것 같다.
성경에서도 사무엘상 19장에서 31장까지 매우 긴
내용으로 언급하고 있다. 사무엘서의 저자는 왜 이렇게
긴 내용으로 다윗의 도망자 생활을 기록했을까?
그가 겪은 사건들이 많아서일까? 도망자로서의
기간이 길었던 까닭일까? 아니면 어떤 교훈을 주려는
의도였을까?

여러 편의 시편에서도 다양한 시각으로 그의
도망자 생활을 언급하고 있다. 본 시편 1-4절까지는
다윗이 자신을 추격해 오는 사울의 군사들을 피하여
도망하며 하나님께 구원해 주시기를 간절히 기도하는
내용이다. 매우 절박한 심정으로 호소하고 있다.
어딘가 원수들을 피하여 숨을 장소를 찾지만 쉽지
않음을 알 수 있다. 어쩌면 은닉처가 발각되어서 더
이상 숨을 곳이 없는 상태인지도 모르겠다. 그렇지

않다면 자신을 찾는 자들이 바로 눈앞에서 당장이라도 손가락질하며 "저기다"라고 외칠 것만 같은 절체절명의 상황일지도 모른다.

1   하나님이여 내게 은혜를 베푸소서 내게
     은혜를 베푸소서 내 영혼이 주께로 피하되 주의
     날개 그늘 아래에서 이 재앙들이 지나기까지
     피하리이다
2   내가 지존하신 하나님께 부르짖음이여 곧 나를
     위하여 모든 것을 이루시는 하나님께로다

     본문에서 알 수 있는 것은 위기의 순간에
하나님께 온전하게 의지하며 신뢰하는 다윗의
모습이다. 그는 위기의 순간에 "나를 위하여 모든 것을
이루시는 하나님"이라는 표현을 사용한다. 어쩌면
매우 이기적인 모습으로도 보이고, 하나님에 대한
무례한 태도라는 생각이 들기도 한다. 그러나 죄인인
나를 위하여 아들을 죽이시기까지 나를 사랑하시는
하나님을 생각해 보면 이런 마음의 표현을 오히려
더 기뻐하실 것 같다. 왜냐하면 성경 인물 중에
하나님의 마음을 가장 정확하게 아는 사람이 바로
다윗이기 때문이다. 사실 우리가 하나님을 온전하게

신뢰하지 못하는 중요한 이유는 그분을 잘 알지 못하기 때문이다. 다른 말로 하면 하나님과의 관계가 올바로 정립되지 못했기 때문이다.

우리의 구원은 하나님과의 관계가 올바르게 정립된 상태를 의미한다. 바울은 로마교회를 향해서 이렇게 선포했다. "그러므로 우리가 믿음으로 의롭다 하심을 받았으니 우리 주 예수 그리스도로 말미암아 하나님과 화평을 누리자"(롬 5:1). 하나님과 자녀들의 관계는 언제나 화평을 지향한다. 궁극적으로 신뢰의 관계라는 의미이다. 하나님과 우리의 신뢰 관계는 평등을 의미하지 않는다. 분명한 의존의 관계이다. 이 의존의 관계가 인간에게 가장 축복된 상태이며 최선의 상태이다. 그것은 불완전한 내가 아닌 완전하신 창조가 하나님께서 내 안에 거하시기 때문이다. 마치 피조물인 내가 우주를 품은 것과 같은 상태이다. 위기일발의 상태에 있는 다윗이지만 초조함과 두려움이 아니라 오히려 주의 날개 아래에 있는 평안함을 느꼈을 것이다.

5   하나님이여 주는 하늘 위에 높이 들리시며
         주의 영광이 온 세계 위에 높아지기를
         원하나이다

6   그들이 내 걸음을 막으려고 그물을 준비하였으니

     내 영혼이 억울하도다 그들이 내 앞에

     웅덩이를 팠으나 자기들이 그 중에 빠졌도다

     (셀라)

7   하나님이여 내 마음이 확정되었고 내 마음이

     확정되었사오니 내가 노래하고 내가

     찬송하리이다

이 본문이 위기에 처한 다윗의 마음을 대변하고 있다. 두려움이 아닌 하나님께 자신을 온전하게 드리는 헌신의 마음을 볼 수 있다. 원수들이 어떤 마음을 품어도 어떤 행동을 할지라도, 나는 그들에게 관심을 두지 않고 "영광의 하나님께 나의 마음을 드리겠습니다"라고 고백하고 있다. 위기에서 나를 구해 주셨기 때문에 드리는 의례적이고 상투적인 말이 아니라 순전하고도 전적인 의존의 마음이다. 그의 마음속에 원수로 인한 불안과 두려움이 전혀 없다. 오히려 하나님의 영광을 바라보며 그 안에서 평안을 누리고 있는 것 같다.

우리는 어디에서 이 평안을 얻을 수 있는가? 죄악이 들어온 이 세상에서는 결코 얻을 수 없다. 이것은 아담이 뱀의 속임수에 넘어가기 전에 누리던

에덴의 평안이다. 다윗은 하나님에 대한 전적인 의존을
통해 그러한 평안을 얻을 수 있었다. 이 평안을 한번
경험한 사람은 결코 놓치기를 원치 않는다. 절대
얻지 못했던 삶의 내용이기 때문이다. 얼마나 많은
사람이 하나님께서 허락하신 에덴의 평안이 아니라
단순한 마음의 안정이라도 얻기 위해 온갖 노력을
하는가. 오랜 시간 수련을 하기도 하고, 약물에
의존하기도 하고, 심지어는 금지된 것에 의존하려고
시도한다. 물론 그 결과는 엄청난 불행을 자초하게
된다.

　　　여기서 한번 생각해야 하는 것은 "진정한
평안은 어디서 오는가"이다. 수많은 노력이 물거품이
되는 까닭은 자신의 노력으로 얻을 수 있다고 생각하기
때문이다. 그것은 명백한 착각이고 잘못된 지식이다.
진정한 평안은 자신에게서 오는 것이 아니라 관계에서
온다. 그 관계를 회복하기 전 깨어진 관계에서는
아무리 노력해도 진정한 평안을 얻을 수 없다. 그렇다면
답은 매우 간단하다. 원래 나에게 그 평안을 주신
분이 창조주이시기 때문에 그분과의 관계를 회복하면
그분의 평안을 얻을 수 있다.

주의 영광이 온 세계 위에 높아지기를

원하나이다

6   그들이 내 걸음을 막으려고 그물을

준비하였으니 내 영혼이 억울하도다 그들이

내 앞에 웅덩이를 팠으나 자기들이 그 중에

빠졌도다 (셀라)

7   하나님이여 내 마음이 확정되었고

내 마음이 확정되었사오니 내가 노래하고

내가 찬송하리이다

8   내 영광아 깰지어다 비파야, 수금아, 깰지어다

내가 새벽을 깨우리로다

     찬양한다는 것은 어떤 마음일까? 찬양의
원래 의미는 "특정 대상을 칭찬하거나 기리어
드러낸다"는 뜻을 지니고 있으며, 특히 종교에서는
그 종교에서 믿는 신 또는 절대자를 높이는 뜻으로
사용된다. 결국 성도들의 찬양은 마음에 있는 하나님에
대한 의미를 음율로 표현하는 것이다. 레위족속
중에 전문찬양 팀이 있었다. 알려진 바는 광야에서
모세에게 반기를 들었다가 멸망한 고핫 자손인 고라의
후손들 중 일부가 성전에서 찬양하는 사람들이었다.
그들은 단순히 찬양만 한 것이 아니라 하나님에 대한

찬양을 작사, 작곡했던 것 같다. 전문적인 직종으로
발달하였음을 의미한다. 그만큼 제사에서 찬양이
중요한 역할을 했다는 것이다. 지금은 찬양 사역자로
불리는 사람들이 있다. 그들의 사역은 찬양을 통해서
하나님께 드리는 예배를 돕는 일이다.

　　　우리는 찬양할 때 마치 말씀을 읽고
묵상하는 느낌을 갖는다. 말씀을 통해 하나님의
어떠하심을 경험하고 느끼는 것처럼 찬양을 통해서도
온전하게 느낀다. 사실 음율이 있기 때문에 생각만이
아니라 온몸으로 더 강력하게 전해진다. 이를 통해
하나님께서 세상을 창조하실 때 우리가 생각하는
이상의 통합적인 요소들을 사용하셨음을 유추해 본다.

　　　다윗의 "내 마음이 확정되고 확정되었다"는
말은 지속적으로 노래하고 찬송하기로 결심했다는
의미일 것이다. 사실 위기의 순간에 찬양을 생각하고,
그 찬양이 지속적인 삶의 내용이 되리라는 결심은
얼마나 어처구니없는 일인가? 지금 당장 일어날 일도
알지 못하는 상황인데 말이다. 찬양은 하늘의 음성을
듣고 그 음성에 나의 소리를 합하는 행위이다. 가장
듣기 좋고 아름다운 하모니로 말이다. 천지의 찬양에
내가 참여한다는 것은 삶의 새로운 경험이 된다.
단순히 목소리로 음을 맞추어 노래를 부르는 정도가

아님을 이해할 때, 나의 작은 목소리는 우주와의
화음이며 천지를 만드신 분의 창조 역사를 더욱
거룩하게 한다.

실제로 다윗은 하나님의 창조를 찬양하며,
그 안에 존재하는 창조의 질서를 높이고 있다. 다윗이
드리는 창조자에 대한 찬양은 유별나다. 이 땅의 모든
악기를 동원하여 찬양하기를 원한다. 그것도 이른 아침
세상의 악기를 다 깨워서 찬양하고 싶어 한다. 새벽은
날이 밝아지며 하루가 시작되는 때이기도 하지만 다른
면에서 어둠이 가장 깊은 시간이기도 하다. 어둠이
가장 깊고 모든 것이 침묵을 지키고 있으며 무엇을
시작하기에는 모두가 무기력한 시간, 그 시간을 다윗은
선택하였다. 그리고 절대적인 어둠을 물리칠 수 있는
가장 좋은 방법을 찬양이라고 생각했다. 그것은
다윗이 가진 찬양에 대한 열망이 얼마나 큰지를 알게
한다.

다윗은 어떻게 찬양을 사랑하게 되었을까?

9   주여 내가 만민 중에서 주께 감사하오며
    뭇 나라 중에서 주를 찬송하리이다
10 무릇 주의 인자는 커서 하늘에 미치고 주의
    진리는 궁창에 이르나이다

　　하나님이여 주는 하늘 위에 높이 들리시며

주의 영광이 온 세계 위에 높아지기를

원하나이다

　　다윗의 찬양은 온통 하나님께 대한
감사이다. 죄악과 그 기업에 남은 자의 허물을
사유하시며 인애를 기뻐하시므로 진노를 오래 품지
아니하시며 불쌍히 여기셔서 우리의 죄악을 발로
밟으시고 모든 죄를 깊은 바다에 던지시는 분에 대한
감사이다(미 7:18-19 참조). 뿐만 아니라 하나님께서
지으신 모든 만물이 온전하게 운행하여 이 땅을
지으신 이가 있다는 사실을 명확하게 하고 있다.
이러한 사실을 다윗은 찬양하고 있다. 평소에 아무런
감동 없이 지나치는 사소한 시간과 사물과의 관계가
우주를 만드신 하나님께서 그의 능력으로 붙잡고
계시며, 운행하고 계심을 알아야 한다. 다윗은 날마다
움직이는 구름과 밤의 빛나는 별들과 계절마다
바뀌는 환경을 광야에서 보면서 주관자 하나님은
찬양받으시기에 합당한 분이라는 사실을 그의 삶을
통해 보여 주고 있다.
　　계절이 변화하는 광경은 우리 찬양의
제목이다. 살랑이는 바람은 하나님께서 허락하신

우주의 음율이다. 깊은 밤하늘을 수놓은 별들은
오선지를 채우는 음계와 같다. 그러고 보면 이 땅에서
보이는 모든 사물은 하나님께서 허락하신 찬양의
원천이다. 내가 보고 있는 것이 다윗이 본 것과 별반
다르지 않다. 그러나 그것을 통한 반응은 매우 다르다.

광야에서 생존을 위해 필요한 것

[1]하나님이여 주는 나의 하나님이시라 내가 간절히 주를 찾되 물이 없어 마르고 황폐한 땅에서 내 영혼이 주를 갈망하며 내 육체가 주를 앙모하나이다 [2]내가 주의 권능과 영광을 보기 위하여 이와 같이 성소에서 주를 바라보았나이다 [3]주의 인자하심이 생명보다 나으므로 내 입술이 주를 찬양할 것이라 [4]이러므로 나의 평생에 주를 송축하며 주의 이름으로 말미암아 나의 손을 들리이다 [5]골수와 기름진 것을 먹음과 같이 나의 영혼이 만족할 것이라 나의 입이 기쁜 입술로 주를 찬송하되 [6]내가 나의 침

—

상에서 주를 기억하며 새벽에 주의 말씀을 작은 소리로 읊조릴 때에 하오리니 ⁷주는 나의 도움이 되셨음이라 내가 주의 날개 그늘에서 즐겁게 부르리이다 ⁸나의 영혼이 주를 가까이 따르니 주의 오른손이 나를 붙드시거니와 ⁹나의 영혼을 찾아 멸하려 하는 그들은 땅 깊은 곳에 들어가며 ¹⁰칼의 세력에 넘겨져 승냥이의 먹이가 되리이다 ¹¹왕은 하나님을 즐거워하리니 주께 맹세한 자마다 자랑할 것이나 거짓말하는 자의 입은 막히리로다

—

좋은 환경에서 신앙 교육을 잘 받았다고 해서 특별히
신앙이 좋아지는 것은 아니다. 오히려 어려운 상황에서
하나님의 시각으로 상황을 바라보고 그분의 마음을
알아가는 과정이 더 중요한 신앙 훈련의 방법이
될 수 있다. 다윗뿐만 아니라 성경의 많은 믿음의
선배들에게서도 비슷한 면을 찾을 수 있다. 특히 요셉의
경우 창세기 37장의 태도와 39장 이후에 완전히 달라진
모습을 보면 더욱 그러하다. 창세기 37장과 39장에
일어난 내용에 대해 성경은 많은 이야기를 하지 않는다.
그러나 이 상황은 매우 구체적인 상상이 가능하다.

당시 요셉은 은 20에 팔린 노예의 신분이고,
목적지인 애굽에 도착하기 위해 상당한 거리의 광야를
지나야 했다. 성경은 이 거리를 열하루 길이라고 했다. 그
광야에서 요셉이 겪을 수 있는 일은 학대와 욕설, 굶주림,
그리고 외로움이었을 것이다. 그러나 이것은 요셉에게

일어날 수 있는 표면적인 일들에 불과하다. 그 외에 그의
마음에, 영혼에, 심령에 어떤 변화가 있었는지는 알지
못한다. 분명한 것은 요셉이 애굽에 도착하고 친위대장
보디발의 집에서는 가나안에서와는 매우 다른 모습을
보여 주고 있다. 물론 "하나님께서 함께하신다"는 단서가
붙기는 했지만, 그 단서는 아무에게나 언제나 그냥
붙는 것이 아니기 때문에 광야에서 요셉에게 일어난
일에 대하여 궁금한 것이다. 이렇듯 광야에서는 누구도
예상하지 못했던 일들이 일어난다. 아마 본 시편에 기록된
다윗의 고백도 그러한 결과가 아닐까.

1   하나님이여 주는 나의 하나님이시라 내가 간절히 주를
     찾되 물이 없어 마르고 황폐한 땅에서 내 영혼이 주를
     갈망하며 내 육체가 주를 앙모하나이다
2   내가 주의 권능과 영광을 보기 위하여 이와 같이
     성소에서 주를 바라보았나이다

     광야에서 생존을 위해 가장 필요한 물을 얻기
위한 노력은 감히 경험해 보지 못한 자가 상상하기는
어렵다. 그런데 다윗은 이 상황에서 생명의 연장을 위한
물을 구하기보다 하나님 찾기를 원했다. 광야에서 가장
하기 쉬운 일은 불평이다. 아무런 의지적 노력을 하지

않아도 저절로 불평이 나온다. 불평을 통해 해결할
수 있는 것은 아무것도 없다. 누구도 불평을 들어주는
사람이 없기 때문이다. 하지만 다윗은 뜨거운 광야의
햇볕 아래서 불평하기보다 하나님을 생각하고 찾았다.
여기서 찾는다는 것은 "감추인 것을 들어낸다"는
의미이다. 보이지 않는 것을 어떻게 찾을 수 있었을까?
특별한 관심을 갖지 않으면 찾을 수 없다. 다윗은
광야에서 어떻게 하나님을 묵상했을까?

　　　　　광야에서 이른 아침 맞이하는 것은 뜨거운
햇볕이다. 광야에서 햇볕이 뿜어내는 뜨거운 열기를
피하는 일은 불가능하다. 나뭇잎만 한 그늘을 찾기도
어려운 광야에서 다윗은 일정하게 비추이는 햇빛 속에서
하나님의 임재를 느꼈을 것이다. 그 빛은 마치 내가
있는 이곳과 태양이 있는 그곳을 이어 주는 것 같았다.
그러기에 땅을 딛고 있는 자신과 어딘지는 정확하게 알
수 없으나 먼 곳에서 그 빛을 주관하시는 하나님과의
교감을 느낄 수 있었을 것이다. 마치 성소에서 하나님의
임재와 영광을 상기시키는 광경처럼 말이다. 오랫동안
사울에게 쫓기어 광야에서 도망자 생활을 하면서 다윗이
가장 사모했던 것은 성전에서 드리는 제사였을 것이다.
이스라엘 백성들은 정기적으로 성전에 가서 하나님께
드리는 제사를 사모하였다. 유달리 하나님을 사모함이

큰 다윗에게 제사를 드리지 못하는 상황은 그를 영적으로 매우 힘들게 했을 것이다. 아마도 그는 광야의 아침에 떠오르는 깊은 햇빛을 바라보며 마치 성전에서 하나님의 임재와 영광을 느끼는 광경을 연상했을지 모른다. 그리고 제사를 통한 그 감격과 영광스러움을 동일하게 느꼈으리라.

3   주의 인자하심이 생명보다 나으므로 내 입술이 주를
     찬양할 것이라
4   이러므로 나의 평생에 주를 송축하며 주의 이름으로
     말미암아 나의 손을 들리이다
5   골수와 기름진 것을 먹음과 같이 나의 영혼이 만족할
     것이라 나의 입이 기쁜 입술로 주를 찬송하되
6   내가 나의 침상에서 주를 기억하며 새벽에 주의
     말씀을 작은 소리로 읊조릴 때에 하오리니
7   주는 나의 도움이 되셨음이라 내가 주의 날개
     그늘에서 즐겁게 부르리이다

        떠오르는 광야의 아침 햇빛의 장엄함은 들판에서 오랜 양치기 생활을 한 다윗에게도 너무나 신비로웠을 것이다. 나는 미국 남부에 있는 아리조나 (Arizona)주의 피닉스(Phoenix)에서 얼마 동안 거주했다.

그곳에서 가까운 거리에 미국에서 가장 신비로운 형체의 붉은색 산들이 있는 세도나(Sedona)라는 유명한 국립공원이 있다. 형상이 너무나 신비하고 멋있어서 여러 번 방문했다. 그 지역의 여름 온도는 대부분 40도 이상이다. 아침에도 매우 덥다. 하지만 그곳의 여러 매력 중 하나는 붉은색의 바위 사이로 비추이는 오묘한 햇빛이다. 매우 신비스럽고 경이로워서 눈이 부셔도 자꾸 쳐다보게 된다.

아마 다윗의 도망처인 유대 광야도 이와 비슷한 풍경일 것이다. 생명을 위해 아무것도 얻을 수 없는 광야에서 가장 시급한 목숨을 구하기보다 하나님의 임재와 영광을 구한다는 것은 매우 의아한 상황이다. 그리고 놀랍게도 그곳에서 하나님을 찬양하며 감사의 제목을 찾는다. 우리는 내가 무엇을 받아야, 가지고 있어야 감사할 수 있다고 생각한다. 그래서 항상 무엇을 구하는 기도의 범주에서 벗어나지 못하는지도 모른다. 그런데 역설적으로 아무것도 없으면 오히려 필요나 결핍을 느끼지 않게 되고, 그러면 구할 것이 없을 수도 있다. 구할 것이 없음은 지금 삶의 필요와 결핍이 없으며 이 자체로 만족한다는 의미이다. 일상의 필요에서 관심이 멀어지면 우리의 눈이 하나님께 더 집중될 수 있다.

금식도 그러하다. 조금 긴 시간(10일 이상) 금식을 하면 가장 먼저 먹을 것에 대한 생각(집착)이 사라진다. 또한 음식뿐 아니라 다른 소유에 대한 생각도 상당 부분 사라짐을 느낀다. 단순히 먹지 않아서 힘이 없어져서가 아니다. 필요와 결핍에 대한 집착이 없어지기 때문이다. 다윗은 지금 광야에서 누리고 있는 하나님의 임재와 영광이 왕인 사울의 식탁에 참여해서 누렸던 그 어떤 기름진 음식보다 더 만족스럽다고 고백한다. 군주 시대에 왕의 식탁에 내오는 대부분의 음식은 양치기였던 다윗이 평생 못 보던 진미였을 것이다. 광야에서 굶주림에 직면한 지금의 상황에서는 음식에 대한 욕망이 더없이 컸을 것이다. 하지만 육신을 위한 그 무엇보다 하나님을 향한 묵상이 지금 이 순간 가장 귀한 시간임을 고백한다. 그리고 음식이 아닌 하나님의 임재와 그 영광을 바라보며 올려 드리는 찬양이 가장 귀중함을 알게 되었다.

굶주림, 말할 수 없는 불편함의 연속, 적들에 대한 놓을 수 없는 긴장과 하루하루 견디는 불안이 주는 삶의 막다른 길목에서 하나님의 임재와 영광을 바라볼 수 있는 눈은 열려 있었다. 한없이 추락한 삶의 바닥에서 보이는 것은 칠흑 같은 어둠인 줄 알았는데, 오히려 그 속에서 눈을 들어 하늘을 바라볼 수 있는

기회가 오리라고는 상상도 할 수 없었다. 이럴 때 우리는
얼마나 이기적이고 욕망 가득한 눈을 가지고 살았는가를
생각하게 된다. 세상살이의 중압감으로 무거워진 머리를
단 한 번이라도 들어 그 넓은 하늘을 한 순간이라도
왜 처다보지 못했을까? 광야에서는 온종일 떠 있는
햇빛을 보는 것과 그로 인해 데워진 뜨거운 공기가
폐부로 훅 하고 들어오는 것이 사람을 가장 힘들게
한다. 다윗은 어떻게 그 속에서 하나님의 임재와 영광을
볼 수 있었을까? 다윗은 한 걸음 더 나아가 하나님의
인애가 깊은 잠을 부르는 침상에서 늦은 밤에도 그분을
기억하게 하고, 그 기억이 이른 아침 그 침상에서 일어나
찬양을 제사로 드림으로 하루를 시작하게 만드는
원동력이라고 고백한다. 다윗은 자신이 처한 상황과
상관없이 하나님의 임재를 누리는 법을 터득한 것 같다.

8   나의 영혼이 주를 가까이 따르니 주의 오른손이
        나를 붙드시거니와

9   나의 영혼을 찾아 멸하려 하는 그들은 땅 깊은 곳에
        들어가며

10   칼의 세력에 넘겨져 승냥이의 먹이가 되리이다

11   왕은 하나님을 즐거워하리니 주께 맹세한 자마다
        자랑할 것이나 거짓말하는 자의 입은 막히리로다

그럼에도 불구하고 다윗은 자신을 쫓는 무리를 벌하실 것을 기도한다. 어쩌면 억울한 상황에서 벗어나기보다 하나님의 임재와 통치가 임하시기를 기대하는 기도를 드리는 것이다. "왕은 하나님을 즐거워하리니"는 만일 왕이 하나님을 즐거워한다면, 주께 헌신한 자들이 드러내 놓고 하나님을 기뻐하고 즐거워하리라는 기대를 나타낸다. 그 기대는 "하나님을 두고 맹세한 자들은 왕을 자랑스러워할 것"이라고 말한다. 이는 다윗의 바람의 표현이다. 이와 같은 다윗의 기도를 통해 우리의 기도도 바뀌어지기를 기대한다.

악인의 번영을 질투하다

¹하나님이 참으로 이스라엘 중 마음이 정결한 자에게 선을 행하시나 ²나는 거의 넘어질 뻔하였고 나의 걸음이 미끄러질 뻔하였으니 ³이는 내가 악인의 형통함을 보고 오만한 자를 질투하였음이로다 ⁴그들은 죽을 때에도 고통이 없고 그 힘이 강건하며 ⁵사람들이 당하는 고난이 그들에게는 없고 사람들이 당하는 재앙도 그들에게는 없나니 ⁶그러므로 교만이 그들의 목걸이요 강포가 그들의 옷이며 ⁷살찜으로 그들의 눈이 솟아나며 그들의 소득은 마음의 소원보다 많으며 ⁸그들은 능욕하며 악하게 말하며 높은 데서 거만하게 말하며 ⁹그들의 입은 하늘에 두고 그들의 혀는 땅에 두루 다니도다 ¹⁰그러므로 그의 백성이 이리로 돌아와서 잔에 가득한 물을 다 마시며 ¹¹말하기를 하나님이 어찌 알랴 지존자에게 지식이 있으랴 하는도다 ¹²볼지어다 이들은 악인들이라도 항상 평안하고 재물은 더욱 불어나도다 ¹³내가 내 마음을 깨끗하게 하며 내 손을 씻어 무죄하다 한 것이 실로 헛되도다 ¹⁴나는 종일 재난을 당하며 아침마다 징벌을 받았도다 ¹⁵내가 만일 스스로 이르기를 내가 그들처럼 말하리라 하였더라면 나는 주의 아들들의 세대

—

에 대하여 악행을 행하였으리이다 ¹⁶내가 어쩌면 이를 알까 하여 생각한즉

그것이 내게 심한 고통이 되었더니 ¹⁷하나님의 성소에 들어갈 때에야 그들

의 종말을 내가 깨달았나이다 ¹⁸주께서 참으로 그들을 미끄러운 곳에 두시

며 파멸에 던지시니 ¹⁹그들이 어찌하여 그리 갑자기 황폐되었는가 놀랄 정

도로 그들은 전멸하였나이다 ²⁰주여 사람이 깬 후에는 꿈을 무시함 같이

주께서 깨신 후에는 그들의 형상을 멸시하시리이다 ²¹내 마음이 산란하며

내 양심이 찔렸나이다 ²²내가 이같이 우매 무지함으로 주 앞에 짐승이오

나 ²³내가 항상 주와 함께 하니 주께서 내 오른손을 붙드셨나이다 ²⁴주의

교훈으로 나를 인도하시고 후에는 영광으로 나를 영접하시리니 ²⁵하늘에

서는 주 외에 누가 내게 있으리요 땅에서는 주 밖에 내가 사모할 이 없나이

다 ²⁶내 육체와 마음은 쇠약하나 하나님은 내 마음의 반석이시요 영원한

분깃이시라 ²⁷무릇 주를 멀리하는 자는 망하리니 음녀 같이 주를 떠난 자

를 주께서 다 멸하셨나이다 ²⁸하나님께 가까이 함이 내게 복이라 내가 주

여호와를 나의 피난처로 삼아 주의 모든 행적을 전파하리이다

—

누군가 자본주의의 발전에 가장 기여한 것은 사람의
탐욕(desire)이라고 했다. 구성원 모두가 똑같은 크기로
피자를 갖게 된다면 이론적으로는 불만이 없을 것 같지만
그렇지 않다. 누군가는 다른 사람보다 더 갖기를 원하기
때문이다. 그로 인해 경쟁이 생긴다. 경쟁에는 승자와
패자가 있기 마련이고, 그 결과에 따라서 많이 갖는 자와
적게 갖는 자가 생긴다. 이 문제에 대한 해결책이 피자를
더 크게 만드는 것이다. 이 발상은 일정 부분 문제의
해결에 기여하기는 하지만 궁극적인 문제를 해결할
수 없다. 왜냐하면 피자의 크기가 커짐에 따라 사람의
탐욕도 더 커지게 마련이며, 큰 몫의 피자를 놓고 벌이는
경쟁은 더 치열해질 수밖에 없다.

　　　　탐욕과 경쟁의 단초를 제공하는 가장 중요한
원인이 비교의식이다. 비교의식은 결국은 우월의식과
열등의식으로 나타난다. 어떤 형태로 나타나든

상관없이 누군가는 상처를 입을 수밖에 없다. 비교의 대상이 누구냐에 따라 결과는 달라진다. 우월감을 느낀 사람이 언젠가는 누군가에 의해서 열등감을 느낄 수밖에 없는 것은 예나 지금이나 경쟁해야 한다는 근본적인 사회구조는 변화되지 않았기 때문이다. 문제는 비교의식이 그리 간단하지 않다는 것이다. 가깝게는 경제적인 문제에서부터 학력, 친구 관계, 외모, 주거 형태나 크기, 그리고 의상이나 선호하는 색상에 이르기까지 너무 다양하고 폭이 넓다. 따라서 이러한 경향이나 의식이 깊어지면 개인에 대한 치료도 어렵고, 해결하기 위해 지불되는 사회비용도 천문학적으로 커진다.

     본 시편은 어느 사회에서나 일어날 법한 문제를 다루고 있다. 하나님의 백성들은 예외 없이 사회적, 개인적 문제에 어려움을 겪어 왔다. 사회에서는 꽤 오래전부터 경제의 불평등이나 과당 경쟁으로 인해 개인이나 사회가 겪는 문제들에 대한 활발한 토론이나 해결책 제시가 이루어지고 있다. 물론 그렇다고 금방 해결되지는 않는다. 그래도 불가피하게 일어나는 사회현상에 대한 관점을 공유한다는 것은 매우 필요한 일이다. 문제는 기독교계에서는 조금 다른 분위기를 가지고 있다. 누구나 겪어야 하는 사회 현상에 대해 공개적으로 문제 제기가 되면 서로 문제를 알아 가면서 토론도 되고 건전한 해결책을 찾아갈 수 있다. 하지만 내면으로는 문제로 상당한 갈등을 겪으면서도 겉으로는 신앙과 결부시켜 그렇지 않은 척하는 태도로 일관하여 더 큰 어려움을 야기한다. 이러한 현상이 생긴 데에는 목회자들의 책임이 매우 크다.

많은 한국교회의 목회자들은 한결같이 말씀과 기도로 신앙생활을 잘하면 나머지는 모두 하나님께서 잘 해결해 주실 것이라는 근본주의적 신앙을 고수한다. 특히 경제적인 문제에 대하여는 지정된 예배나 교회의 활동에 적극적으로 참여하지 않으면서 경제활동을 열심히 하는 것에 대하여는 부정적 입장을 견지한다. 간단하게 말하면 신앙심이 없거나 부족하다는 것이다. 하지만 헌금은 많이 드리기를 강조하는 모순을 보인다. 그 결과로 한국교회 성도들은 열심히 경제활동을 하는 것과 교회 활동에 적극적으로 참여하는 것 사이에 많은 갈등을 일으킨다. 그렇다고 모두가 수입이 높은 전문직에 종사할 수도 없는 노릇이다.

1   하나님이 참으로 이스라엘 중 마음이 정결한 자에게
    선을 행하시나

2   나는 거의 넘어질 뻔하였고 나의 걸음이 미끄러질

뻔하였으니

3   이는 내가 악인의 형통함을 보고 오만한 자를

질투하였음이로다

레위 족속인 아삽이 기록한 이 시편은 자신
혹은 백성 중에 누군가 겪은 일을 자기의 말로 기록한
것 같다. 어떤 특정한 상황이라기보다 신앙이 좋은
일반 백성들이 겪는 보편적 상황에 대한 기록으로
생각된다. 이스라엘 백성들은 하나님 말씀에 순종하는
삶을 살면 하나님께서 축복하신다는 보편적인 신앙의
가치관을 갖고 있다. 이에 대한 극단적인 예가 바로
바리새인들이다. 바리새인들이 종교적인 습관(rituals)인
구제에 열심을 냈던 이유도 하나님께 복을 받은 자임을
증명하는 방법이기도 했다. 하나님 말씀에 순종하는
삶을 살았기 때문에 축복하셨고, 그래서 구제할 수
있는 능력이 있다는 단순한 논리이다. 그러나 사회에서
일어나는 상황들을 보니 매우 단순한 신앙 논리가
틀렸다는 생각이 든다는 것이다. 이 단순한 신앙의
논리가 틀렸다는 의미는 무엇인가? 하나님의 말씀이
틀렸거나 잘못 배운 것이다. 즉 잘못된 신앙의 논리를
갖고 있었다. 평생 그렇게 믿고 살아왔는데, 그 믿음의
원리에 대한 문제 인식은 이스라엘 백성들에게 대단히 큰

충격이다.

　　　이와 유사한 경우가 있다. 유다 백성들은 하나님께서 지키시기 때문에 유다는 결코 망하지 않으리라고 생각했다. 하박국 1, 2장은 이러한 생각에서 하박국 선지자가 하나님께 질문하는 장면이다. 그러나 결과적으로 유다는 바벨론에게 망했다. 유다 백성들의 충격은 상상을 초월했다. 그래서 포로 생활이 끝나고 바벨론에서 귀환했을 때, 그들은 하나님에 대한 의구심을 완전히 해소하지 못했다. 물론 우리는 유다 백성들이 하나님의 섭리를 이해하지 못했기 때문에 발생했다고 알고 있지만, 당사자의 입장에 서면 쉽게 이해되는 상황은 아니다.

　　　"내가 악인의 형통함을 보고 오만한 자를 질투하였음이로다"라는 시편 저자의 고백은 충격적이다. 왜냐하면 그의 마음속에 '질투'가 생겼기 때문이다. 질투는 잘못 이해하면 조금 싫어하고 미워하는 정도로 생각할 수 있다. 그러나 질투의 의미는 매우 사악하고 파괴적이다. 내가 파괴되는 상태에 이르더라도 상대를 그 자리에서 끌어내리려고 시도하는 파괴적인 욕망을 의미한다. 질투는 초대교회 기독교 교부들이 정한 "일곱 가지 죽음에 이르게 하는 대죄"(질투, 나태, 교만, 분노, 정욕, 탐식, 탐욕) 중 하나이다. 시편 저자에게 생긴 이 마음은 그가 받은 충격이 얼마나 큰지를 설명하고 있다. 그리고 4-12절까지 자신이 살펴본 그들의 삶에서 이해할 수 없는 내용을 열거하고 있다.

그들은 태어나면서부터 죽을 때까지 다른 삶을 살았고, 하나님 말씀에 충실하게 순종하는 사람들의 삶과 비교할 수 없는 풍족함을 누리고 있다. 어쩌면 자신은 그중 하나도 누려본 적이 없는 축복의 보따리를 그들은 죽을 때까지 독점하고 있었다. 만약 그중 하나라도 누렸다면 이렇게 허망하게 질투하지 않았을 것이다. 우리는 가끔 사회적으로 지탄받는 사람들의 삶에 대해 생각하는 바가 있다. 그래 나쁜 짓 하면서 다른 사람 괴롭히면서 이렇게 살겠지 했는데, 뚜껑을 열어 보니 상상을 초월하는 삶의 모습이 드러난 것이다. 그 충격을 시편 기자는 받은 것이다.

13   내가 내 마음을 깨끗하게 하며 내 손을 씻어 무죄하다
     한 것이 실로 헛되도다

14   나는 종일 재난을 당하며 아침마다 징벌을 받았도다

15   내가 만일 스스로 이르기를 내가 그들처럼 말하리라
     하였더라면 나는 주의 아들들의 세대에 대하여
     악행을 행하였으리이다

16   내가 어쩌면 이를 알까 하여 생각한즉 그것이 내게

　시편 기자는 이 글을 기록하면서 힘들고
어려웠던 순간들을 떠올렸을 것이다. 이 생각들을
하면서 지낸 시간이 결코 쉽지 않았을 것이다. 마음에
작정하고 악하게 사는 사람의 경우라면 몰라도
조금이라도 착하고 성실하게, 무엇보다 신앙적으로
살아가려고 노력하는 사람들에게 가장 큰 충격이
무엇일까? 삶의 의욕이 꺾이는 순간은 언제일까? 잘못
살아온 것 같다는 생각이 들 때이다. 옳다고 지켜 왔던
가치관이 잘못되었다고 판단될 때이다. 나름대로 최선을
다해 성실하게 살고자 노력했는데, 의미가 없었다는
생각이 들면 그 다음은 무슨 일이 일어나겠는가? 특히
가치관이 신앙과 결부되었을 때 그 충격은 더하다. 그럼
이제 어떻게 해야 하지? 절망뿐이다. 더 이상 선택할
수 있는 선택지뿐 아니라 기회도 박탈당한 느낌이
들기 때문이다. 아마 지금까지의 삶이 아닌 다른 삶을
선택하는 편이 옳았다는 후회가 밀려올 수 있다. 혹시
예레미야가 성전 뜰에서 고문을 받을 때 그런 생각을
하지 않았을까? 그가 겪은 고통은 상상을 초월했기
때문이다. '과연 정말 내가 옳은가'를 반문하게 되는
상황이다.

17   하나님의 성소에 들어갈 때에야 그들의 종말을 내가
       깨달았나이다

18   주께서 참으로 그들을 미끄러운 곳에 두시며 파멸에
       던지시니

19   그들이 어찌하여 그리 갑자기 황폐되었는가 놀랄
       정도로 그들은 전멸하였나이다

20   주여 사람이 깬 후에는 꿈을 무시함 같이 주께서 깨신
       후에는 그들의 형상을 멸시하시리이다

21   내 마음이 산란하며 내 양심이 찔렸나이다

22   내가 이같이 우매 무지함으로 주 앞에 짐승이오나

23   내가 항상 주와 함께 하니 주께서 내 오른손을
       붙드셨나이다

"끝날 때까지 끝난 것이 아니다." 가끔
스포츠 게임 중계자에게 이런 말을 듣는다. 결정적으로
판단하기는 아직 이르다는 말이다. 그렇다. 하나님의
섭리는 아직 끝나지 않았다. 성경을 읽으면서 가끔
희열을 느끼는 장면이 바로 극적인 역전 상황이 전개될
때이다. 다윗이 골리앗을 조약돌 하나로 넘어뜨릴 때,
아직은 절망이 아니라는 생각이 들었을 것이다.
"하나님의 성소에 들어갈 때에야 그들의 종말을 내가
깨달았나이다." 이것은 새로운 전환을 주는 말이다.

먼저는 성소에 들어가서 하나님의 뜻을 물었더니 "하나님께서 내게 말씀하셨다"로 해석이 된다. 하박국의 상황을 생각해 볼 수 있다. 하박국은 포악한 이방 나라인 바벨론이 유다를 침략하고, 유다가 멸망할 것 같은 생각이 들자 하나님께 극렬하게 항의했다. 그리고 하나님께서 납득할 만한 대답을 하실 때까지 망루에서 기다리고 있겠다고 했다. 그러나 하박국이 하나님의 뜻을 알고 나서 드린 기도문이 하박국 3장이다. 그 내용은 이렇다. "하나님, 내가 하나님의 섭리를 깨달았습니다. 유다가 빨리 망해야 하나님의 섭리가 이루어질 수 있습니다. 그러니 빨리 망하게 해주십시오."

다른 하나는 현상에 너무 골몰한 나머지 모든 문제를 세상의 원리로, 지식과 경험으로 해결하려고 했다는 것이다. 이러한 실수를 우리는 종종한다. 일어나는 일들을 보면서 그 안에 있는 하나님의 섭리가 무엇인지 생각하기 전에 항상 자신의 힘으로 판단하고 해결하려고 시도한다. 결국은 그러한 시도가 얼마나 부질없는 일인가를 깨닫고 나서야 하나님의 뜻을 묻는다.

가끔 이런 생각이 든다. 나는 얼마나 많은 실수를 해야 진리를 깨달을 수 있는가? 누구나 겪는 세상의 고생과 어려움을 한 번도 경험하지 않고 살다 죽는다고 생각했던 악인들의 삶에 좌절했다면, 세월이

지나고 나이가 들어도 하나님의 뜻을 깨닫지 못하는
무지함에 다시 한 번 좌절하는 나를 바라보게 된다. 주님!
어떻게 해야 하나요?

예수님처럼 바울처럼 그렇게 살 순 없을까

남을 위하여 당신의 온몸을 온전히 버리셨던 것처럼

주의 사랑은 베푸는 사랑 값없이 거저 주는 사랑

그러나 나는 주는 것보다 받는 것 더욱 좋아하니

나의 입술은 주님 닮은 듯하나

내 맘은 아직도 추하여 받을 사랑만 계수하고 있으니

예수여 나를 도와주소서

예수여 나를 도와주소서

두루 감찰하시며 찾으시는 사람

^{67}또 요셉의 장막을 버리시며 에브라임 지파를 택하지 아니하시고 ^{68}오

직 유다 지파와 그가 사랑하시는 시온 산을 택하시며 ^{69}그의 성소를 산

의 높음 같이, 영원히 두신 땅 같이 지으셨도다 ^{70}또 그의 종 다윗을 택하

시되 양의 우리에서 취하시며 ^{71}젖 양을 지키는 중에서 그들을 이끌어 내

—

사 그의 백성인 야곱, 그의 소유인 이스라엘을 기르게 하셨더니 ⁷²이에

그가 그들을 자기 마음의 완전함으로 기르고 그의 손의 능숙함으로 그들

을 지도하였도다

—

구약성경 특히 창세기를 읽다 보면 조금 혼돈되는
경우가 있다. 아브라함은 후손에 대한 상당한 집착이
있었다. 하나님께서 아브라함을 갈대아 우르에서
부르셔서 가나안으로 이주하게 하실 때 하신 약속이
'자손'이었다. 하지만 아브라함은 하나님의 뜻에 대한
잘못된 이해를 반복한다. 그는 자신의 후손을 결정함에
있어서 매우 안일하게 생각했다. 먼저 집안을 오랫동안
돌봐 준 종 엘리에셀이 가문을 잇는 것이 좋겠다고 했다.
그리고 사라의 종 하갈을 통해 이스마엘을 낳았다. 그로
인해 오랜 시간 아브라함 집안에 큰 어려움이 되었다.

　　　　　약속의 아들 이삭은 에서와 야곱을 낳았다.
에서는 장남이고 야곱은 차남이었지만 하나님께서는
이들이 태어나기도 전에 운명을 결정하셨다. 하나님께서
야곱을 선택하시고 에서를 버리셨다(창 25:23; 롬 9:13 참조).
야곱은 자신이 차지한 장자의 명분을 지키려고 무던히

애를 썼다. 형 에서를 피해 하란의 삼촌 라반에게 가서 20년을 지냈고, 그곳에서 두 아내와 두 명의 첩 그리고 열두 아들, 뿐만 아니라 많은 재산을 소유하게 되었다. 그리고 가나안으로 돌아와 우여곡절 끝에 자리를 잡았다. 하지만 그의 고난은 쉽게 그치지 않았다. 야곱은 사랑했던 라헬을 통해 낳은 요셉을 가장 사랑하였다. 하지만 이는 또 다른 화를 부르게 되었다. 요셉은 형들로 인해 애굽으로 팔려 종살이를 하게 되고, 결국은 애굽의 일인지하 만인지상의 총리가 되어 나타났다.

창세기의 이야기로만 보면 아브라함, 이삭, 야곱 그리고 요셉이어야 한다. 그러나 성경은 요셉의 이야기를 해피엔딩으로 마치고, 그의 자녀인 에브라임과 므낫세에게 각각 한 지파씩의 지분을 허락함으로 레위 지파를 대신하게 한다. 그것은 사실 엄청난 특권이지만 요셉에 의해서 야곱의 가족이 애굽에서 살 수 있도록 터전을 마련한 것을 생각하면 충분히 그럴 수 있다는 생각이 든다. 또한 에브라임 지파는 유다 지파와 더불어 인구도 가장 많고, 요셉의 후광을 입었기 때문에 언제나 다른 지파 위에 군림하였다. 특히 이스라엘이 출애굽하여 광야를 지나 가나안으로 들어갔을 때, 그들은 지파의 세에 걸맞는 지분을 달라고 여호수아에게 강력하게 요구하였다(수 17:14-18 참조). 그들은 자신들을 가리켜 큰

민족이고 큰 권능이 있다고 하였다. 그러나 아브라함의
가계는 이삭, 야곱, 그리고 요셉이 아닌 유다로 이어졌다.

68   오직 유다 지파와 그가 사랑하시는 시온 산을
        택하시며
69   그의 성소를 산의 높음 같이, 영원히 두신 땅 같이
        지으셨도다

유다는 자신들에게 주어진 땅을 유업으로
받았다. 어쩌면 그들이 받은 땅이 이스라엘 열두 지파
중에서 가장 척박하고 좋지 않은 땅일 수 있었다. 하지만
불평하지 않았고, 그들에게 시온 산이 있음을 만족했다.
사실 유다 지파는 그리 두각을 나타내지 못했던 지파였다.
유다는 레아의 네 번째 아들이었다. 유다의 의미는
"찬송하다"이다. 아마 레아는 유다를 낳고서야 비로소
남편인 야곱이 자신을 떠나지 않을 것이라는 생각이
들었던 것 같다. 그만큼 야곱의 마음은 언제나 동생
라헬에게 있었다. 자매였지만 그래도 남편을 동생에게
빼앗기기가 싫었던 것은 여인으로서 너무나 당연한
마음이다. 유다는 성격이 그리 고분고분한 사람은
아니었던 것 같다. 유다에 관한 이야기는 창세기 38장에서
시작된다.

"그 후에 유다가 자기 형제들로부터 떠나
내려가서 아둘람 사람 히라와 가까이 하니라"(창 38:1). 이
구절 앞의 내용은 형제들이 요셉을 미디안 상인들에게
팔았다는 이야기이다. 그 일이 있은 후에 야곱의 아들
사이에서 요셉을 판 일로 인해 분쟁이 있었던 것 같다.
그리고 유다는 불편한 분위기를 참지 못하고 집에서
떠나 아둘람(adullam)으로 갔다. 아둘람은 예루살렘에서
남서쪽으로 약 백 리쯤 떨어진 곳에 있었다. 다윗이
사울을 피하여 숨었던 동굴이 많이 있는 곳이기도 하다.
당시에 유다가 가족을 떠나 다른 지역으로 이주하는 일은
결코 쉽지 않았다. 어쩌면 가족들로부터 떨어져 나오는
정도의 일을 감행했던 이유가 성경에는 자세히 나와
있지 않지만 앞에서 언급한 바와 같이 요셉의 일을 통한
형제들 간의 불화 때문이 아니었을까.

창세기 38장은 매우 이상한 구조를 가지고
있다. 37장에서 요셉이 형들에 의해 미디안 상인들에게
팔려 애굽으로 끌려가는 장면이 나오면서 긴장이 매우
고조되었는데, 갑자기 장면을 바꾸어서 유다의 이야기가
나온다. 그리고 다시 39장에서 요셉의 이야기로 이어진다.
창세기를 이렇게 구성한 저자의 의도는 무엇인가?
정확하게 알 수 없지만 성경의 전체적인 구도에
대한 복선이라는 생각이 든다. 그렇지 않으면 유다가

누구인가를 설명할 수 있는 기회도 없고, 유다의 족보에
대해 언급할 수 있는 기회가 없기 때문이다.

유다의 족보는 다른 형제들과 비교해서
가장 이상한 족보이다. 유다는 아둘람에서 며느리인
다말이 창녀인 줄 알고 그와 관계를 맺어 아들 쌍둥이를
낳았는데, 그의 이름은 베레스와 세라였다. 이 계보는
룻기에 의해서 다시 성경에 등장한다(룻 4:18-22).
엘리멜렉은 고향인 베들레헴에서 큰 흉년을 맞아 살기가
어렵게 되자, 아내 나오미와 두 아들(말론과 기룐)을 데리고
모압 지방으로 갔다. 이스라엘 백성이 다른 지방도 아닌
이방 땅 모압으로 이주했다는 것은 당시의 상황으로
볼 때 흔치 않은 일이었다. 또한 그들은 유대인임에도
불구하고 이방 여인을 며느리로 삼았다.

나오미는 모압에서 남편과 두 아들을 잃고 큰
며느리 룻과 함께 다시 베들레헴으로 돌아온다. 모압에서
돌아온 그들의 삶은 이전과 별 다를 바가 없었다. 다른
사람들의 논에서 추수하고 남은 이삭줍기를 하면서
근근이 살아간다. 이러한 그들에게 '기업 무르기'라는
제도를 통하여 보아스가 그 권리를 갖게 되었고, 급기야
며느리인 이방 여인 룻과 혼인하게 된다. 이들 사이에서
오벳이 태어나는데, 그는 다윗의 조부이다. 유다의
족보는 앞에서 언급했듯이 유대인에게는 흔치 않은

사람들이 등장하게 된다. 먼저는 시아버지인 유다와의 사이에서 베레스를 낳은 다말이다. 그의 후손인 살몬은 여리고 기생인 라합에게서 보아스를 낳고, 보아스는 룻과 혼인하여 다윗의 조부인 오벳을 낳았다. 그리고 다윗은 헷(히타이트)사람 우리아의 아내 밧세바를 통하여 솔로몬을 낳았다.

70   또 그의 종 다윗을 택하시되 양의 우리에서 취하시며

71   젖 양을 지키는 중에서 그들을 이끌어 내사 그의
        백성인 야곱, 그의 소유인 이스라엘을 기르게
        하셨더니

72   이에 그가 그들을 자기 마음의 완전함으로 기르고
        그의 손의 능숙함으로 그들을 지도하였도다

하나님께서 목동인 이새의 아들 다윗을 선택하여 사무엘로 하여금 사울을 대신하여 이스라엘의 왕으로 삼았다. 본문에서 그 이유를 설명하고 있다. 다윗이 자신의 책임인 이새 집안의 양과 가축들을 온전하게 보살폈다는 것이다. 하나님께서는 그 사람이 어떤 일을 하였는가보다 어떻게 일하였는가를 더 중요하게 여기신다. 어떤 태도로 일하고 있는가를 보면 그 사람을 알 수 있다. 나는 오랫동안 회사의 임원으로

일했다. 특히 영업과 교육 파트에서 일했기 때문에
많은 사람을 상대하고 채용하기도 했다. 회사에서
5-7년차인 대리 혹은 초급 과장 정도가 되면 어느 정도
회사의 분위기를 이해하고, 맡은 일에 익숙해지면서
이때부터 성과를 내기 시작한다. 일반적으로 대리에서
초급 과장들이 일하는 모습을 보면 저 친구는 임원이
될 수 있겠다 그렇지 못하겠다는 판단을 할 수 있었다.
한 회사에서 5-7년을 근무하면 기본적으로 그 사람에
대한 인성은 거의 파악이 되고, 업무 능력도 어느
정도 확인이 가능하다. 그때쯤이면 출신학교에 대한
프리미엄도 사라지고, 오직 업무 능력으로 평가를 받게
되는 시기이다. 물론 이변이 있기도 하다. 나중에 두각을
나타내는 경우도 가끔은 있지만 그리 흔치 않다.

하나님께서 다윗을 선택하신 이유는 매우
간단했다. 그의 신실함(integrity)이었다. 다윗이 이스라엘을
보호했던 태도를 "마음의 완전함(integrity of heart)과
손의 능숙함(skillful of hands)"이라고 기록하였다. 마음의
완전함은 다윗의 전적인 태도를 나타낸다. 다윗이
양들을 얼마나 성심껏 보살폈는가를 나타낸다. 다윗은
사울의 군대 장관으로 있을 때 이스라엘 백성들과
매우 친밀한 관계를 유지했다. 그래서 백성들이 그를
사랑했다고 성경은 기록하고 있다. 그리고 블레셋 장수인

골리앗을 쓰러뜨렸던 물맷돌은 광야에서 양을 보호하기 위하여 사용했던 무기이다. 목동이 사나운 짐승을 홀로 막는다는 것은 쉬운 일이 아니다. 따라서 그는 자신이 가장 효율적으로 맹수들을 물리칠 수 있는 물맷돌을 정확하게 맞힐 수 있도록 훈련한 것이다. 그렇기 때문에 달려가면서도 단 한 번의 물맷돌로 골리앗을 넘어뜨릴 수 있었다. 다윗의 태도와 노력으로 맡겨진 가축을 잘 보호했던 것처럼 이스라엘의 왕이 되어 이스라엘을 그 지역에서 가장 강력한 나라로 이끌었다.

우리는 아브라함으로부터 다윗까지 이어진 이 이야기를 단지 옛날이야기로 치부할 것인가 아니면 지금도 하나님께서 섭리 안에서 사람을 선발하시는 원칙으로 인정할 것인가를 결정해야 한다. 특히 요셉이나 다윗의 이야기는 하나님께서는 지금도 세상을 감찰하시며 신실함과 손의 공교함으로 전심으로 하나님을 사모하는 사람을 찾고 있다는 증거이다. "여호와의 눈은 온 땅을 두루 감찰하사 전심으로 자기에게 향하는 자들을 위하여 능력을 베푸시나니"(대하 16:9).

하나님의 기다림

¹주여 주는 대대에 우리의 거처가 되셨나이다 ²산이 생기기 전, 땅과 세계도 주께서 조성하시기 전 곧 영원부터 영원까지 주는 하나님이시니이다 ³주께서 사람을 티끌로 돌아가게 하시고 말씀하시기를 너희 인생들은 돌아가라 하셨사오니 ⁴주의 목전에는 천 년이 지나간 어제 같으며 밤의 한 순간 같을 뿐임이니이다 ⁵주께서 그들을 홍수처럼 쓸어가시나이다 그들은 잠깐 자는 것 같으며 아침에 돋는 풀 같으니이다 ⁶풀은 아침에 꽃이 피어 자라다가 저녁에는 시들어 마르나이다 ⁷우리는 주의 노에 소멸되며 주의 분내심에 놀라나이다 ⁸주께서 우리의 죄악을 주의 앞에 놓으시며 우리의 은밀한 죄를 주의 얼굴 빛 가운데에 두셨사오니 ⁹우리의 모든 날이 주의 분노 중에 지나가며 우리의 평생이 순식간에 다하였나이다 ¹⁰우리의 연수가 칠

—

십이요 강건하면 팔십이라도 그 연수의 자랑은 수고와 슬픔뿐이요 신속히 가니 우리가 날아가나이다 [11]누가 주의 노여움의 능력을 알며 누가 주의 진노의 두려움을 알리이까 [12]우리에게 우리 날 계수함을 가르치사 지혜로운 마음을 얻게 하소서 [13]여호와여 돌아오소서 언제까지니이까 주의 종들을 불쌍히 여기소서 [14]아침에 주의 인자하심이 우리를 만족하게 하사 우리를 일생 동안 즐겁고 기쁘게 하소서 [15]우리를 괴롭게 하신 날수대로와 우리가 화를 당한 연수대로 우리를 기쁘게 하소서 [16]주께서 행하신 일을 주의 종들에게 나타내시며 주의 영광을 그들의 자손에게 나타내소서 [17]주 우리 하나님의 은총을 우리에게 내리게 하사 우리의 손이 행한 일을 우리에게 견고하게 하소서 우리의 손이 행한 일을 견고하게 하소서 모든 일에 대한 평가는 그 일이 끝난 다음 실행되듯이 사람에 대한 평가도 그러하다. 하지만 사람에 대해서는 단순히 결과가 잘되었다 아니다로 평가될 수 없다. 그 사람의 삶에 개입한 하나님의 섭리와 그분의 평가가 더 중요하기 때문이다.

시편 90편은 매우 다양한 내용이 수록되어 있는데 본문의 표제에는 "하나님의 사람 모세의 기도"라고 되어 있다. 모세의 생애 120년은 궁중의 40년, 광야의 40년, 그리고 이스라엘 백성의 인도자 40년으로 삼등분할 수 있다. 단순히 숫자적으로 보면 120년을 각기 40년씩 다르게 살았다고 생각할 수 있지만, 그의 삶은 그리 단순하지 않았다. 애굽 공주의 양자로 입양되어 당시 최고의 나라인 애굽 왕자로 최고의 교육을 받았다. 그가 왕재로 지목받았는지는 알 수 없지만 상당한 권력을 가졌음을 짐작할 수 있다. 그런 모세가 갑자기 혈통에 대해 고민하고, 자기 백성을 구하려고 한 시도는 이해하기 어려운 대목이다. 나라를 구하는 일이 혼자서 되는 일이 아니기 때문이다. 그리고 왕궁에서 교육을 받은 모세가 그 정도를 생각지 못했을 리가 없다. 그렇다면 그렇게 말도 안 되는 일을 한 이유는 무엇일까? 하나님께서 그의 삶에 능동적으로 개입하셨던 것은 아닐까?

만약 하나님께서 그 시점에 그의 삶에 적극적으로 개입하셨다면, 모세의 인생에서 가장 활기차고 중요한 40년을 날려 버린 것이다. 당시 세계에서 가장 영향력 있던 강대국의 왕자가 도망자가 되어 광야에서 40년을 양치기로 살아야 했던 상황은 설명이 불가능하다. 억울하고 허무한 시절 같아 보이지만 전부 불필요한 시간은 아니었다. 그 시간을 통해 모세는 광야를 알게 되었다. 광야는 무섭고 변화가 많은 곳이다. 짧은 시간에 광야를 알기란 쉽지 않다.

아마 모세가 40년을 광야에서 보냈다면 그만한 이유가 있었을 것이다. 그가 머물렀던 광야가 이스라엘 백성이 가나안으로 들어가는 통로가 되었기 때문이다. 하나님께서는 이것을 이미 계획하고 계셨다. 그 이유를 생각해 보면 첫째, 이스라엘 백성이 애굽에서 탈출하기에 아직 때가 되지 않았기 때문이다.

둘째, 이스라엘이 가나안으로 가는 통로로 이용할
광야에 대한 이해와 지식이 더 필요했다. 셋째, 모세가
아직 하나님의 일을 제대로 할 수 있을 정도로
준비되지 않았다.

이 중에서 단순한 한 가지 이유보다 세 가지
모두일 가능성이 크다. 그렇다면 하나님께서 기다리신
것이다. 이스라엘 백성이 해방을 기다린 것이 아니라
하나님께서 그날을 위해서 준비하고 그들이 감당할
수 있을 때를 기다리셨다. 하나님의 섭리는 항상
그렇다. 우리가 기다리는 것이 아니라 하나님께서
기다리신다. 고통보다 더한 고통은 기다림이다.
우리가 하나님의 때를 기다림보다 하나님께서 우리를
기다리는 일이 더 어려울 것이다.

우리는 시간을 시간의 흐름인 크로노스
(Chronos)와 하나님께서 역사하시는 카이로스
(Kairos)로 구분한다. 그러나 생각해 보면 이 구분은
인간의 입장이다. 시간을 만드신 하나님께서는
굳이 크로노스와 카이로스를 구분하실 필요가 없다.
크로노스 중에서 카이로스를 구분하는 것은 하나님의
기다림이다. 카이로스는 하나님께서 주권적인
선택을 행하시거나 인간의 준비를 통해 약속을

실행하시는 때이다. 모세는 이러한 하나님의 때에
쓰임을 받았다.

본 시편과 같은 고백은 젊은 시절에는 결코
할 수 없는 내용이다. 젊은 시절에는 누구나 목표를
향해서 달음질한다. 그렇기 때문에 달려가는 그 길에서
사물들을 볼 수 있는 시간은 속도에 반비례한다. 그
사물들에 대해 깊이 있는 통찰을 하기가 어렵다.
본문의 통찰력 있는 사고는 나이가 들어 살아 온
시간을 되돌아보면서 일어난 사실보다 그 일에 대한
해석이 더 중요한 시기에 기록한 것으로 생각된다.

8 주께서 우리의 죄악을 주의 앞에 놓으시며

   우리의 은밀한 죄를 주의 얼굴 빛 가운데에

   두셨사오니

9 우리의 모든 날이 주의 분노 중에 지나가며

   우리의 평생이 순식간에 다하였나이다

10 우리의 연수가 칠십이요 강건하면

   팔십이라도 그 연수의 자랑은 수고와

   슬픔뿐이요 신속히 가니 우리가 날아가나이다

11 누가 주의 노여움의 능력을 알며 누가 주의

   진노의 두려움을 알리이까

나이가 들면 가끔은 지나온 삶을 찬찬히 되짚어 보게 된다. 잘하고 칭찬받을 일보다는 '그때 왜 그랬을까' 하는 후회가 더 많이 남는다. 혹시 아직도 밝혀지지 않은 죄(?)가 생각날 수도 있다. 그때는 아무런 의도가 없었는데 지나고 보니 누군가에게 안 좋은 영향을 준 일들이 얼마간은 있다. 그 일의 실행자가 나라는 사실이 아직도 밝혀지지 않아 얼마나 다행인가. 하지만 이것도 하나님 앞에 설 때면 다 드러나게 됨을 알지만 그래도 지금은 감추고 싶은 비밀이다.

인생의 날이 길어질수록 그래도 지금까지 잘 살았다는 안도감과 함께 생이 얼마 남지 않았음을 느낀다. 어린 시절에는 시간이 좀 빨리 가서 무언가 할 수 있는 나이가 되기를 기대했고, 젊은 시절에는 아직 이룬 것이 없는데 시간이 조금씩 빨라짐이 아쉬웠다. 시간이 있다면 조금 더 기회를 얻을 수 있을 것 같은데 충분히 주어지지 않아 원망이 있었다.

하지만 은퇴를 얼마 남기지 않은 때가 되면 삶의 후반전(second half)에 대해 생각해 보게 된다. 여생을 좀 더 의미 있게 살아갈 방법을 모색하는 시기이다. 인생의 오후가 되면 세상을 떠나는 그날까지 남들에게, 특히 자식에게 폐를 끼치지 않고 건강하게

살아가기를 기대한다. 초년에 길게만 느껴졌던
인생이 왜 이렇게 짧은가. 대부분의 사람들이 하는
생각들이다. 하지만 그리스도인들은 이제 하나님 앞에
서야 할 날이 머지않았음을 본다. 이 세상을 떠나는
일과 하나님 앞에 서야 하는 일은 어쩌면 동시적 사건
같은데 전혀 다른 생각을 갖게 한다. 하나님 앞에
서야 한다는 의식이 많을수록 삶에 대한 회한이 많을
것이다. 사실 우리 인간이 하나님 앞에 서는 것은
두려운 일이다. 창조자 앞에 선다는 것도 그렇고
내가 지금까지 생각해 왔던 하나님과 다를 수도 있기
때문이다. 그때 일어날 일을 전혀 모르기 때문에
평안할 수도 있고 두려움이 더 클 수도 있다. 인생은 참
기묘하고 신비롭다.

12 우리에게 우리 날 계수함을 가르치사 지혜로운
마음을 얻게 하소서

    본문에서 모세는 어쩌면 자신의 경우보다는
이 글을 읽을 후대에게 이 말을 남기려는 듯하다.
"당신의 삶에는 하나님의 지혜가 필요합니다. 무엇보다
인생의 의미를 이해하기 위해서는 반드시 하나님의
계획을 알아야 합니다." 이는 바울이 에베소에 보낸

서신에서도 발견할 수 있다. "그런즉 너희가 어떻게
행할지를 자세히 주의하여 지혜 없는 자 같이 하지
말고 오직 지혜 있는 자 같이 하여 세월을 아끼라 때가
악하니라 그러므로 어리석은 자가 되지 말고 오직 주의
뜻이 무엇인가 이해하라"(Be very careful, then, how you live -
not as unwise but as wise, making the most of every opportunity, because
the days are evil. Therefore do not be foolish, but understand what the
Lord's will is, 엡 5:15-17).

인생에서 지혜로운 마음은 무엇인가? 내게
주어진 시간에 있는 하나님의 뜻을 이해하고, 그
의미에 순종하는 삶이 최선이며 지혜라고 교훈하고
있다. 그렇다. 바울은 하나님의 뜻은 언제나 선하시고,
기뻐하시고, 온전하시다고 밝히고 있다(롬 12:2). 사람이
세상을 떠나는 장례식장에서는 언제나 애통이 깊고,
통곡 소리는 높고, 아쉬움의 한숨은 길다. 하지만
장례식장에서 인생을 반추하며 들려지는 슬픔과 통곡,
그리고 아쉬움에 진정으로 깨달아야 할 교훈은 묻히기
쉽다. 삶도 일상인 것처럼 장례도 우리의 일상이다.
그렇다면 장례식장에서 깨닫게 되는 지혜와 교훈을
조금 미리 깨닫는다면 인생이 달라질 텐데 그렇지
못하다. 장례식장에서 말씀을 전하기 위해 본문을
묵상할 때마다 하나님의 지혜에 의지해서 살아가라는

삶에 대한 도전임을 느끼지만, 나조차도 그렇게 살지 못하는 것을 어쩌랴….

하나님의 안식

[1]오라 우리가 여호와께 노래하며 우리의 구원의 반석을 향하여 즐거이 외치자 [2]우리가 감사함으로 그 앞에 나아가며 시를 지어 즐거이 그를 노래하자 [3]여호와는 크신 하나님이시요 모든 신들보다 크신 왕이시기 때문이로다 [4]땅의 깊은 곳이 그의 손 안에 있으며 산들의 높은 곳도 그의 것이로다 [5]바다도 그의 것이라 그가 만드셨고 육지도 그의 손이 지으셨도다 [6]오라 우리가 굽혀 경배하며 우리를 지으신 여호와 앞에 무릎을 꿇자 [7]그는 우리의 하나님이시요 우리는 그가 기르시는 백성이며 그의 손이 돌보

—

시는 양이기 때문이라 너희가 오늘 그의 음성을 듣거든 ⁸너희는 므리바에서와 같이 또 광야의 맛사에서 지냈던 날과 같이 너희 마음을 완악하게 하지 말지어다 ⁹그 때에 너희 조상들이 내가 행한 일을 보고서도 나를 시험하고 조사하였도다 ¹⁰내가 사십 년 동안 그 세대로 말미암아 근심하여 이르기를 그들은 마음이 미혹된 백성이라 내 길을 알지 못한다 하였도다 ¹¹그러므로 내가 노하여 맹세하기를 그들은 내 안식에 들어오지 못하리라 하였도다

—

본문은 찬양과 순종에 관한 내용을 담고 있다. 처음
6절까지는 하나님에 대한 찬양으로 이어지다가 7절
이후부터는 이스라엘의 불순종에 관해 이야기한다.
어떻게 보면 매우 생경한 느낌이다. 일반적으로 찬양의
내용이 지속되는 편이 문맥상 더 좋아 보이기 때문이다.
그런데 저자는 서로 어울리지 않아 보이는 내용을
몰라서 그냥 둔 것일까? 그렇지는 않을 것이다. 앞
절에서 언급한 찬양을 살펴보면 하나님께서 천지를
지으신 창조자이심을 나타내고, 다음은 이스라엘
광야에서의 불순종을 지적하고 있다. 그들은 창조주
하나님조차도 거부했다. 광야에서 매일의 기적을 그
하나님께서 베풀어 주심을 알면서도 그랬다. 저자는
이 사건을 예시하며 이스라엘 백성의 죄성과 부패함을
언급하고 있다.

        그들의 죄성은 광야의 초기부터 자주

나타났다. 성경에 기록한 내용은 매우 극단적인 경우와 후세에 교훈이 될 내용만을 기록한 것이다. 홍해가에서 다가오는 애굽의 군대를 보며 모세를 원망했던 일은 아직 하나님을 충분히 경험하지 못한 상태였기에 그럴 수 있다고 이해할 수 있다. 마라의 물 사건도 사막에서 갈증으로 죽을 것 같은 상황에서 극한의 분노가 생길 수 있다. 그러나 시내 산에서 하나님의 영광을 본 후 돌아서자마자 바로 금송아지를 만들었다. 이 불순종은 시작에 불과했다. 그들은 요단강을 건너 가나안에 들어갈 때까지 변화되지 않았다. 요단강가에서 모세의 새 세대를 위한 율법을 들은 그들은 광야 세대였다. 새 세대인 그들도 조상들과 별 다를 바가 없었다. 하지만 하나님께서는 그들에게 기대를 가지셨고 약속대로 가나안으로 인도하여 정착하게 하셨다.

그러나 저자는 11절에서 "그러므로 내가 노하여 맹세하기를 그들은 내 안식에 들어오지 못하리라 하였도다"라고 기록하고 있다. 이스라엘 백성은 이미 가나안에 들어왔지만, 하나님께서는 그들에게 자신의 안식에 들어오지 못한다고 하셨다. 이는 상황적으로 다른 의미가 있음을 암시하고 있다. 이 짧은 시편의 내용을 정리해 보면, 천지를 지으신 창조주 하나님께 마땅히 찬양과 경배를 드릴 뿐 아니라 그의 말씀에 순종해야 하는 이스라엘 백성이다. 그들은 430년의 긴 노예 생활에서 해방시키신 하나님께 해방의 감격이 채 가시기도 전부터 불순종하고 반항했다. 하지만 하나님께서 약속을 신실하게 지키셔서 이스라엘 백성을 약속의 땅 가나안으로 인도하셨다.

이 상황과 달리 시편 기자는 "그들의 불순종으로 인하여 하나님께서 그들을 자신의 안식에는 들어오지 못하게 하셨다"라고 기록하고 있다. 그렇다면 가나안 땅에 들어가는 것과 하나님의 안식이 별개임을 암시한다. "너희가 요단을 건너 너희 하나님 여호와께서 너희에게 기업으로 주시는 땅에 거주하게 될 때에 또는 여호와께서 너희에게 너희 주위의 모든 대적을 이기게 하시고 너희에게 안식을 주사 너희를 평안히 거주하게 하실 때에 너희는 너희 하나님 여호와께서 자기 이름을 두시려고 택하실 그곳으로 내가 명령하는 것을 모두 가지고 갈지니"(신 12:10-11상).

성경에서 '안식'이라는 단어를 처음 사용한 곳은 창세기이다. 하나님께서 천지를 창조하시는 일을 마치시고 일곱째 날에 대해 이날에 하나님께서 안식하셨다고 기록하고 있다(창 2:2 참조). 많은 그리스도인이 하나님께서 천지를 창조하시고 안식하신 그날을 안식일이라고 잘못 이해하고 있다. 엄격하게

정리하면, 그날은 하나님께서 안식하신 것이지 그날로
안식일을 정하신 것은 그 후에 하신 일이다. 따라서
하나님께서 하신 '안식'에 대한 이해를 조금 더 할 필요가
있다.

　　　우리는 안식의 의미를 '쉼'으로 규정한다.
하나님께서 천지를 창조하시고 쉬셨다고 생각하기
때문이다. 그러나 성경 어디를 봐도 하나님께서
일하신다는 구절은 있어도 쉬신다는 구절은 없다.
관념적으로 6일간 일했으니 당연히 쉬었을 것이라는
추측이다. 장례식에 가면 장례를 집전하는 목회자가
고단한 인생을 살다가 이제 영원한 안식에 갔다고 한다.
그리고 덧붙이기를 천국에서 하나님과 함께 안식 즉
쉼을 누리라고 한다. 그러나 잘못된 해석이다. 영원한
안식은 쉼의 의미가 아니라 통치의 의미이다. 성도의
죽음은 쉼이 아닌 하나님의 영원한 통치 아래로
들어가는 것이다.

　　　7일간 천지를 창조하신 하나님께서
피곤하셔서 쉬셨을까? 그것은 전능하신 하나님에 대한
무지이며 무례이다. 7일에 하나님께서는 창조하신
만물을 영원히 통치하시는 것이다. 창조에 대한 기록인
일곱째 날에 "저녁이 되고 아침이 되니"라는 날을
의미하는 기록이 없다. 이것은 창조가 끝났고 창조된

만물을 창조의 원리대로 하나님께서 통치하신다는
의미를 담고 있다.

하나님께서 이스라엘 백성에게 허락하신
가나안은 약속의 땅이다. 가나안 앞에 붙는 수식어가
있다. 그것은 "젖과 꿀이 흐르는"이다. 그러나 가나안
어디를 봐도 젖과 꿀이 흐르는 비옥한 평야를 찾을
수 없다. 오히려 가파른 산악과 계곡이 있을 뿐이다.
물론 평야가 없는 것은 아니지만 백번 양보해도 "젖과
꿀이 흐르는 땅"이라는 수식어를 붙이기에는 턱없이
부족하다. 하나님께서는 그곳을 하나님의 안식이
있는 곳이라고 했다. 그 의미는 무엇인가? 하나님께서
약속하신 가나안은 '하나님의 통치가 있는 땅'이라는
것이다. 하나님의 통치에 순종하면서 젖과 꿀이
흐르는 땅이 되는 것이고, 불순종하면 가시덤불과
엉겅퀴를 내는 땅으로 바뀔 것이다. 이스라엘 백성들이
하나님의 약속대로 가나안에 들어오기는 했지만, 그
땅은 더 이상 젖과 꿀이 흐르는 약속의 땅이 아니었다.
왜냐하면 이스라엘은 광야에서 하나님께 불순종하던
모습을 여전히 가지고 있었기 때문이다. 그들은 말로는
순종이지만 삶의 모습은 거리가 있었다. 그러한
이스라엘 백성의 태도를 스데반은 통렬하게 비판했다.
그들의 삶은 하나님의 통치와는 거리가 멀었다.

여기서 우리는 이스라엘의 태도에 대하여 한번 고민할 필요가 있다. 광야에서 처음 그들이 가졌던 원망의 태도는 이해할 수 있다. 그러나 아무것도 없는 광야에서 농사도 짓지 않고, 힘든 노역도 하지 않고, 더구나 모진 감독관의 채찍으로부터도 해방되었는데 그들은 날마다 불평하고 불만이 많았다. 왜 그랬을까? 아마 그들의 삶 속에 뿌리 깊게 박혀 있는 '노예근성' 때문이 아닌가 생각한다. 노예근성의 사전적 의미는 "남이 시키는 대로 하거나 주체성 없이 남의 눈치만 보는 성질"을 뜻하는데 말 그대로 자유가 주어졌거나 자유를 쟁취할 수 있는 상황에서도 그저 자리에 주저앉아 아무것도 하지 않고 결국 노예 상태에 만족하는 정신 또는 근성을 말한다. 학습된 무기력과도 연관성이 있다. 주체적으로 무엇을 하려 들지 않으면서 무엇이든지 비판하고 불평하는 태도를 말한다.

이스라엘은 매일 자신들 앞에서 벌어지는 기적을 감사의 조건으로 받지 않았고 도리어 불평과 불만의 재료로 삼았다. 이러한 태도는 어쩌면 우리의 모습인지 모른다. 이미 베풀어 주신 것을 통해서 무엇인가를 만들려고 하는 노력과 꿈을 꾸기보다 더 많은 무엇인가를 기대하는 "축복만능주의"에 빠져 있지는 않은지 돌아볼 필요가 있다. 그래서 말씀을

올바로 풀어서 해석하고 무엇을 해야 할 것인가를
가르치는 곳에는 사람들이 없고, 소위 말하는 '축복성회'
에는 사람들이 차고 넘치며 아멘의 소리가 끊이지
않는다. 이제는 웬만한 축복은 성에 차지 않는다. 일상의
소소한 축복은 더 이상 축복이 아니다. 마치 로또와 같은
대박성 축복 정도는 되어야 감사할 수 있다. 이는 우리가
축복의 노예가 되었음을 나타낸다. 축복과 은혜를
가르치기 전에 감사를 먼저 가르쳐야 하는데 그러지
못한 것이다. 하나님의 통치 안에 있는 자체가 축복이며
은혜이다.

　　　　한국교회는 복음이 전파되던 초기부터
많은 고난을 받아 왔다. 물론 1905년의 평양 대부흥과
같은 부흥의 물결들이 있기는 했지만 오히려 핍박과
고난이 더 많았다. 일제 강점기가 그랬고, 6.25 전쟁이
그랬다. 많은 성도들이 주님의 이름으로 죽음을 기꺼이
받아들였다. 그들의 핏값이 60년대 이후 한국교회의
부흥으로 이어졌다. 가난하고 힘들었지만 그런 현실보다
나를 자유하게 하시는 하나님의 복음이 더 기뻤다.
그래서 힘들고 지친 몸을 이끌고 퇴근 후 교회 바닥에
엎드려 한 시간이고 두 시간이고 시간 가는 줄 모르고
기도했다. 무엇을 더 달라는 간구의 기도가 아니라
감사의 기도였다. 고난과 가난 중에 드리는 감사의

기도였다. 그 시간은 행복이었다. 하나님께서 그 마음을
받으시고 한국교회에 전 세계의 교회가 부러워할 축복을
허락해 주셨다. 세계에서 가장 큰 교회, 가장 많은 헌신의
시간, 그리고 이른 새벽부터 모여서 드리는 기도 시간.
최근에는 특새까지 생겨서 온 가족이 새벽부터 나와서
하나님 앞에 기도를 드린다. 세계의 기독교계가 상상도
못한 일이었다.

　　　　그러나 한국교회는 자본주의의 맘몬을 이기지
못했다. 이스라엘을 끝없이 괴롭혔던 바알처럼 맘몬과
지도자의 비윤리에 굴복하고 말았다. 운동권의 선동
때문이 아니라 사회의 상식적인 윤리성에도 미치지
못하는 목회자들의 윤리의식 때문에 반사회적인 단체로
매도당하고 있다. 한국사회에 가장 큰 영향력을 가지고
있었던 교회가 사회에 전혀 도움이 되지 않는 조직으로
전락한 것이다. 의식 있는 성도들은 한국교회의 상황에
대해 염려하고 있다. 교회 역사를 살펴보면 교회가
언제나 부흥하고 성장했던 것은 아니다. 그러나 교회가
위기에 처했을 때 누군가 나서서 깃발을 들었다. 부흥의
깃발 말이다. 부흥은 언제나 나를 성찰하는 회개가
있었다. 이스라엘은 위기의 순간에 미스바로 모였다.
그곳에는 회개를 통한 부흥의 깃발을 든 사무엘이
있었다. 지금 한국교회에는 부흥을 위한 회개의 깃발을

자원해서 흔들려는 리더는 보이지 않는다.

이스라엘이 원하는 안식은 어디에 있는가? 그것은 하나님께서 분명히 가나안에서 찾을 수 있게 하셨다. 그러나 가나안에 입성했음에도 불구하고 그들 가운데는 안식을 찾을 수 없었다. 더한 불행은 자신들이 하나님의 안식을 소유하고 있는지에 대한 의식도 없었다는 것이다. 아니, 하나님께서 이스라엘에게 진정으로 주시려고 했던 것이 땅이 아니라 그곳에서 누릴 하나님의 안식이었는데, 그들은 그것이 무엇인지 몰랐다. 땅은 전쟁을 통한 무력으로 정복할 수 있다. 그러나 하나님의 안식은 어떻게 얻을 수 있겠는가?

"사람아 주께서 선한 것이 무엇임을 주께서 네게 보이셨나니 여호와께서 네게 구하시는 것은 오직 정의를 행하며 인자를 사랑하며 겸손하게 네 하나님과 함께 행하는 것이 아니냐"(미 6:8). 하나님의 안식을 얻는 방법은 하나님의 법을 지키며, 사람들을 사랑하며, 하나님 앞에서 겸손하게 자신의 모습을 보는 것이다. 하나님께서는 임의적으로 명령하시지 않고, 우리가 행해야 할 모습을 이미 먼저 보여 주셨다. 우리 하나님은 이런 하나님이시다. 이런 하나님의 통치 가운데 들어가는 것은 얼마나 기쁜 일인가? 노예인 나를 노예로 대하지 않고 인격적으로 대해 주시는 것이다.

피조물인 우리에게 창조주이신 하나님께서 어떻게
살아야 하는가를 몸소 보여 주시는 것과 같다. 어떻게
이런 일이 가능한가? 만약 우리가 그의 안식을 거부하면
가치 없는 노예의 모습으로 살아갈 수밖에 없다. 그러나
그의 안식을 이해하고 받아들이면 놀라운 하나님의
통치를 경험할 수 있다. 약속의 땅인 가나안에 준비하신
하나님의 놀라운 은혜이다.

이른 아침에 드리는 기도

¹내가 인자와 정의를 노래하겠나이다 여호와여 내가 주께 찬양하리이다 ²내가 완전한 길을 주목하오리니 주께서 어느 때나 내게 임하시겠나이까 내가 완전한 마음으로 내 집 안에서 행하리이다 ³나는 비천한 것을 내 눈 앞에 두지 아니할 것이요 배교자들의 행위를 내가 미워하오리니 나는 그 어느 것도 붙들지 아니하리이다 ⁴사악한 마음이 내게서 떠날 것이니 악한 일을 내가 알지 아니하리로다 ⁵자기의 이웃을 은근히 헐뜯는 자를 내

—

가 멸할 것이요 눈이 높고 마음이 교만한 자를 내가 용납하지 아니하리로다 ⁶내 눈이 이 땅의 충성된 자를 살펴 나와 함께 살게 하리니 완전한 길에 행하는 자가 나를 따르리로다 ⁷거짓을 행하는 자는 내 집 안에 거주하지 못하며 거짓말하는 자는 내 목전에 서지 못하리로다 ⁸아침마다 내가 이 땅의 모든 악인을 멸하리니 악을 행하는 자는 여호와의 성에서 다 끊어지리로다

—

다윗은 아침마다 열심히 기도했다. 시편 5편에서도
"여호와여 아침에 주께서 나의 소리를 들으시리니"라고
고백하며 하루를 시작했다. 다윗이 아침에 하나님 앞에
무릎을 꿇으며 기도하는 모습은 모든 그리스도인의
귀감이 된다. 그런데 당시에 다윗이 왕이었다는 점을 더
주목하게 된다. 한 나라의 최고 권력자 가운데 얼마나
많은 사람이 누구보다 이른 아침에 일어나 하나님 앞에
나아가 무릎을 꿇고 오늘 하루의 삶 가운데 임하실
주님을 기대하며 기도하는 시간을 갖겠는가?

　　　　요즈음은 예전과 달리 직위가 높은 사람의
출근 시간이 빠른 편이다. 물론 다 그렇지는 않지만
보편적으로 그렇다. 그만큼 할 일이 많다는 것이다.
하지만 고대의 왕들도 그랬는지 알 수 없다. 그때는
지금보다 생활 리듬이 빠르지 않아서 농사를 짓는
사람이 아니면 새벽같이 일어나는 문화는 아니었을

것이다. 특히 왕은 주변 사람들이 그의 시간에 맞추어야
하기에 얼마든지 게으름을 피울 수 있고, 편하게 지낼
수 있는 권력과 환경을 가지고 있다. 그럼에도 불구하고
왕인 다윗은 그러지 않았다. 그는 누구도 깨어 있지 않은
이른 아침에 일어나 하나님을 만나는 삶을 지속적으로
유지했고, 그 시간에 자신의 생명을 걸었다. 그만큼 새벽
시간에 하나님과의 만남이 다윗에게는 중요했다.

　　　　외국에 있을 때 밤에 할 일이 없는 상황에 잘
적응되지 않았다. 다들 일찍 퇴근해서 가족들과 함께
지내고 잠자리에 일찍 드는 모습이 어색했다. 우리나라는
그런 면에서 밤 문화가 외국과는 사뭇 다르다. 가끔
늦은 밤 고속도로나 시내의 큰 도로 위를 다니는 많은
차들을 보고 깜짝 놀란다. 이 늦은 밤에 도대체 무슨 일이
있기에 이렇게 많은 차가 다니는가? 우리나라는 밤낮의
구별이 쉽지 않다. 분명한 것은 밤이 늦어지면 아침 또한
늦어진다는 것이다. 아침은 언제나 전날 밤에 준비된다.
아침에 일찍 일어나려면 전날 밤이 절제되어야 하는데,
늦은 밤은 언제나 늦은 아침을 예약한다.

　　　　왕으로서 밤을 절제한다는 것은 매우 어려운
일이다. 수많은 연회와 만남, 결정해야 할 많은 국사들,
해결하지 못하는 국방과 경제, 그리고 사람에 관한
문제가 산재해 있는데 밤을 통제함으로 새벽을 깨우는

역할을 한다는 것은 쉬운 일이 아니기 때문이다. 이는
대단한 절제이며, 헌신이며, 수고이다.

1   내가 인자와 정의를 노래하겠나이다 여호와여 내가
        주께 찬양하리이다
8   아침마다 내가 이 땅의 모든 악인을 멸하리니 악을
        행하는 자는 여호와의 성에서 다 끊어지리로다

다윗은 하나님의 인자와 정의를 찬양하고
기도하며, 허락하신 그 땅의 통치를 인자와 정의로
세우겠다는 결심을 아침마다 드리고 있다. 만약 내가
회사의 대표라면, 혹은 한 나라의 통치자라면 아침에
가장 먼저 무엇을 생각할까? 아마 어젯밤까지 괴롭혔던
문제나 사람, 잠 못 이루게 했던 일들에 골몰하며 그에
대한 답을 주시기를 구할 것이다. 이는 너무나 당연하다.
그런데 다윗은 이 하루도 자신이 주의 인자와 정의를
실행하게 해달라고 기도하고 있다. 그것이 기도의
전부였다. 혹시 그가 성군이라서 다른 왕들이 겪는 그
흔한 어려운 문제가 없어서였을까? 결코 그렇지 않다.
사무엘서, 역대기를 읽어 보면 수많은 문제들이 그의
통치 가운데 있었음을 보게 된다. 그럼에도 이렇게
기도할 수 있는 이유는 무엇일까?

2 내가 완전한 길을 주목하오리니 주께서 어느 때나
내게 임하시겠나이까 내가 완전한 마음으로 내 집
안에서 행하리이다

그 답은 2절에서 찾을 수 있다. 다윗은 삶의
목표와 기대를 이 땅에 두지 않았다. 삶의 여정이 '완전한
길'(blameless Life)이 되기를 기대하며 이를 통해서
하나님께서 원하시는 삶을 살기를 사모했다. 이 땅에서
하나님 나라를 기대하고 꿈꾸는 것은 이상적인 삶에
대한 추구이다. 지극히 현실적이어야 하는 왕의 입장인
다윗은 삶의 목표를 도저히 이루어질 수 없을 것 같은
길에 두었다. 그도 모르지 않았을 것이다. 다윗이야말로
가장 현실적인 사고를 가진 왕이었다. 그렇지 않았다면
그는 현실 감각 없이 이상만을 추구하는 왕일 것이다.
그러나 다윗의 생애를 돌아보면 가장 이상적이면서 가장
현실적인 왕이었다. 그래서 위대한 왕인 것이다. 만약
하나님께서 자기 백성에게 요구하시는 삶이 불가능한
내용이라면 그 요구는 불합리하다. 그런데 과연 하나님은
그런 분이신가? 하나님께서 요구하시는 삶은 매우
현실적이다. 다윗은 그것을 정확하게 이해하고 있었다.
하지만 우리는 오히려 성경의 약속을
낮은 수준으로 해석할 뿐 아니라 죄성에 부합하는

삶으로 그리스도인의 수준을 격하시켰다. '수준 낮은 그리스도인의 삶'에 길들여 있는 우리의 모습을 이 아침에 다윗의 고백을 통해 확인하게 된다. 많은 성도들이 성경에서 가장 어려운 구절을 '산상설교의 팔복'으로 꼽는다. 팔복은 예수님께서 다시 오시는 그때 이루어진 하나님 나라에나 실현 가능한 내용으로 치부하고 아예 접어 두고 살려고 한다. 만약에 산상설교의 팔복이 이 땅에서 이루지 못할 내용이라면 예수님께서 초기의 사역에 그리스도인들의 삶의 표본으로 말씀하셨을까? 팔복은 명확하게 그리스도인의 삶의 정체성이며 규범이다. 따라서 다윗도 날마다 주어진 통치의 무게만큼이나 하나님의 인자와 정의를 실현하는 삶에 무게 중심을 두었다.

무엇을 해도 무방한 최고 권력자인 왕의 직분으로, 어떤 일을 해도 합리화가 가능한 신분으로 행동과 삶을 스스로 제약하고 불편하게 만드는 인자와 정의를 시행하는 삶은 참으로 어려운 짐을 지는 것이다. 그런데 이것을 아침마다 다짐하고 실제로 그렇게 살고 있는지 아닌지를 하나님 앞에 비추어 본다는 것은 너무나 가혹한 삶의 모습이다. 하지만 다윗은 그러한 삶의 내용을 추구했으며, 양치기인 자신을 한 나라의 왕의 직임을 맡겨 주신 하나님 앞에서 이것이 합당한 삶이라고 여겼다.

주어진 일이 아닌 주어진 삶의 가치를 염두에
두고 그 삶에 집중할 때, 주어진 일이 어떻게 달라질
것인가를 생각해 보게 된다. Doing(행위)이 평가의 중심에
있고 Being(존재)을 지배한다면 삶의 환경은 너무나
가식적이고 형식적인 삶의 껍데기에 질식하게 될 것이다.
한 예로 작금의 교육 현실이 그렇다. Being을 추구해야
할 교육이 행위를 통한 결과로 평가를 받으며 존재의
등급이 나누어지고 이를 통해서 불리한 제재를 받게 되니,
교육의 원래의 목적인 존재의 개발과 성장은 사라지고
저급한 방법에 의한 Doing만 난무하고 있는 실정이다.
다른 사람은 몰라도 그리스도인은, 교회는 Being에
의해서 Doing이 지배된다는 분명한 가치를 가져야 하고,
그렇게 교육해야 한다. 이러한 과정을 통해서 다윗과 같이
하나님을 경외하고, 사람에게 사랑받는 그리스도인들이
나타날 것이다. 하나님께서는 지금도 아침마다 엎드려
"인자와 정의가 나를 지배하게 하소서"라고 무릎으로
기도하는 자를 목마르게 기다리고 계신다.

우리에게 있는 대제사장은

[1]여호와께서 내 주에게 말씀하시기를 내가 네 원수들로 네 발판이 되게

하기까지 너는 내 오른쪽에 앉아 있으라 하셨도다 [2]여호와께서 시온에

서부터 주의 권능의 규를 내보내시리니 주는 원수들 중에서 다스리소서

[3]주의 권능의 날에 주의 백성이 거룩한 옷을 입고 즐거이 헌신하니 새벽

이슬 같은 주의 청년들이 주께 나오는도다 [4]여호와는 맹세하고 변하지 아

—

니 하시리라 이르시기를 너는 멜기세덱의 서열을 따라 영원한 제사장이

라 하셨도다 ⁵주의 오른쪽에 계신 주께서 그의 노하시는 날에 왕들을 쳐

서 깨뜨리실 것이라 ⁶뭇 나라를 심판하여 시체로 가득하게 하시고 여러

나라의 머리를 쳐서 깨뜨리시며 ⁷길 가의 시냇물을 마시므로 그의 머리

를 드시리로다

—

3,000년 전에 살았던 다윗은 오실 메시아에 대하여
너무도 명확하게 기록하고 있다. 어쩌면 오신
그리스도에 대하여 알고 있는 우리보다 더 정확하게
알고 있다는 생각이 든다. 성경은 무엇을 말해 주고
있는가? "내가 하나님의 아들의 이름을 믿는 너희에게
이것을 쓰는 것은 너희로 하여금 너희에게 영생이
있음을 알게 하려 함이라"(요일 5:13). 성경은 구원에 관한
내용을 알려 준다. 구원은 예수 그리스도를 알고 믿는
것이다. 우리가 성경을 통해서 예수 그리스도에 대한
정확한 지식을 알고 믿을 때 구원뿐 아니라 그에 합당한
삶을 살게 된다. 합당한 삶을 산다는 것은 순종이다.

　　　세례 요한은 자신에게 찾아와 세례를 받은
사람들에게 회개에 합당한 열매를 맺으라고 명령한다
(눅 3:8 참조). 이는 성경 공부를 가장 열심히 하는
한국교회 교인에게 들려주는 명령이라는 생각이 든다.

이렇게 할 수 있는 원동력은 예수 그리스도를 정확하게 알고 경험할 때 가능한 일이다. 예수 그리스도는 누구신가를 알 수 있는 성경은 대부분 복음서라고 생각한다. 실제로 복음서는 예수 그리스도의 생애와 사역에 대해 설명하고 있기에 틀린 말은 아니다. 그러나 복음서가 아닌 다른 성경에서도 예수 그리스도의 주 되심과 하나님 되심을 선포하고 있다. 특별히 히브리서에서는 매우 명확하게 그 내용들을 설명하고 있다.

1   여호와께서 내 주에게 말씀하시기를 내가 네
        원수들로 네 발판이 되게 하기까지 너는 내 오른쪽에
        앉아 있으라 하셨도다
2   여호와께서 시온에서부터 주의 권능의 규를
        내보내시리니 주는 원수들 중에서 다스리소서

        위의 시편 말씀을 히브리서 기자가 인용하여 예수 그리스도께서 천사와도 다른 존재이시며, 성부 하나님과 같이 태초에 하늘과 땅의 기초를 두신 자라고 설명하고 있다(히 1:13 참조). 또한 하나님께서 예수 그리스도를 하나님으로 지칭하며 그의 영광과 통치는 영원하시다고 선언하고 있다. 통치자는

누구인가? 통치자는 왕이시다. 이는 예수님께서
하늘과 땅의 통치자이심을 나타내고 있다. 왕이신
예수 그리스도께서 자신의 형상대로 인간을 지으시고,
인간에게 복을 주시고, 자신이 만드신 이 땅을 다스리게
하셨다(창 1:26-28 참조). 자신이 가지고 있는 왕권을
우리에게 위임하신 것이다. 왜냐하면 왕만이 다스리는
권세를 가지고 있기 때문이다. 그리고 베드로 사도도
우리는 "왕 같은 제사장"(벧전 2:9)이라고 선포하고 있다.
뿐만 아니라 요한은 "우리가 예수 그리스도와 함께
세세토록 왕 노릇 하리로다"(계 22:5)라고 기록했다.
우리가 왕이 아니고 왕 되신 예수 그리스도께서
우리에게 왕권을 위임하셔서 다스리게 하셨다. 그래서
예수님께서 승천하실 때, 하늘과 땅의 모든 권세를
우리에게 주신다고 하셨다(마 28:18 참조). 왕만이 왕권을
위임할 수 있다.

3   주의 권능의 날에 주의 백성이 거룩한 옷을 입고

        즐거이 헌신하니 새벽 이슬 같은 주의 청년들이 주께

        나오는도다

4   여호와는 맹세하고 변하지 아니하시리라

        이르시기를 너는 멜기세덱의 서열을 따라 영원한

        제사장이라 하셨도다

178

예수 그리스도는 제사장이시다. 예수님께서
우리의 대제사장이신 것을 "우리에게 있는 대제사장은"
(히 4:15)을 통해서 명확하게 설명하고 있다. 그는
광야에서 인간이 겪는 시험을 사탄을 통해서
혹독하게 겪으셨다(눅 4:1-13 참조). 사실 이 시험은
사탄이 인간이신 예수 그리스도를 넘어뜨리려고
한 것이 아니라 예수 그리스도가 인간이 아니라
하나님이라는 사실을 증명하려고 한 시험이다. 만약
예수께서 돌을 빵으로 만들어서 배고픔을 면한다면
그것은 예수께서 몸만 인간이지 결국은 하나님이심을
증명하는 것이기 때문이다. 그러나 예수께서 완전한
인간으로 그 시험을 말씀으로 이기심으로 우리가 받는
시험을 충분히 겪으시고 이기셨다. 그런데 더 중요한
것은 예수님께서 제사장이신데 아론의 족보가 아닌
멜기세덱의 족보를 따라서 영원한 제사장이 되셨다고
했다. 히브리서 기자는 멜기세덱에 관해서는 어려워서
우리가 잘 이해하지 못한다고 했다(히 5:11 참조). 그러나
또한 자세하게 히브리서 7장을 통하여 설명하고 있다.
멜기세덱은 살렘의 왕이요 하나님의 제사장이라고 했다
(히 7:1 참조). 이는 영원한 제사장이신 예수 그리스도를
지칭하는 것이다.

5   주의 오른쪽에 계신 주께서 그의 노하시는 날에
     왕들을 쳐서 깨뜨리실 것이라

6   뭇 나라를 심판하여 시체로 가득하게 하시고 여러
     나라의 머리를 쳐서 깨뜨리시며

7   길 가의 시냇물을 마시므로 그의 머리를 드시리로다

     또한 다윗은 예수님은 심판 주라고 했다.
심판은 언제나 두 가지 양면성을 가지고 있다. 하나는
구원이고, 다른 하나는 영원한 형벌 곧 영원한
죽음이다. 심판의 날에 세상의 왕이 사탄을 깨뜨릴
것이라고 선언하고 있다. 뱀의 머리를 상하게 하는 것과
같이(창 3:15 참조) "여러 나라의 머리를 쳐서 깨뜨리시며"
라고 말씀하신다. 이 심판은 종말에서야 이루어지는
것이 아니라 예수 그리스도께서 이 땅에 오실 때 이미
이루어진 사실이다. 왜냐하면 예수님의 오심을 통해서
하나님의 나라가 이 땅에 도래했고, 예수님의 통치가
이 땅에 임했기 때문이다. 즉 그분의 오심은 종말론적
사건임을 나타내는 것이다.
     이러한 사실을 생각해 볼 때, 왕이신 예수
그리스도의 위임으로 우리가 세상 사람들의 삶의
기준이 되고, 우리의 삶을 통해 하나님의 살아 계심을
인정하게 하며(마 5:16 참조), 때를 따라 돕는 은혜를

통하여 우리의 삶이 성결해짐으로 세상의 중보자로
제사장 직분을 다하며, 심판 주 되시는 예수 그리스도가
다시 오실 것을 알림으로 세상이 회개하여 살아갈 수
있도록 생명의 복음을 전해야 한다. 이는 우리가 예수
그리스도가 누구신지를 명확하게 이해하고 복음에
비추어 살아갈 때 가능하다.

마지막 한 걸음

¹이스라엘이 애굽에서 나오며 야곱의 집안이 언어가 다른 민족에게서 나

올 때에 ²유다는 여호와의 성소가 되고 이스라엘은 그의 영토가 되었도다

³바다가 보고 도망하며 요단은 물러갔으니 ⁴산들은 숫양들 같이 뛰놀며

작은 산들은 어린 양들 같이 뛰었도다 ⁵바다야 네가 도망함은 어찌함이며

요단아 네가 물러감은 어찌함인가 ⁶너희 산들아 숫양들 같이 뛰놀며 작은 산들아 어린 양들 같이 뛰놂은 어찌함인가 ⁷땅이여 너는 주 앞 곧 야곱의 하나님 앞에서 떨지어다 ⁸그가 반석을 쳐서 못물이 되게 하시며 차돌로 샘물이 되게 하셨도다

—

이제 저 강만 건너면 하나님께서 약속하신 가나안이다.
요단 건너 저편은 어떤 곳일까? 지금 내가 서 있는 이곳
아라바 광야까지 오는 데 40년이 걸렸다. 함께 애굽에서
출발했던 우리 모두가 서 있기를 기대했던 이곳에 그들을
대신하여 내가 서 있다. 그들은 광야에 그 꿈을 묻었다.
지난 40년을 생각해 보면 아쉬움이 너무 많다. 생각지도
못했던 일들이 순식간에 일어났고, 준비되지 못한
아쉬움이 그대로 남는다. 환희와 갈등, 기대와 절망, 영광과
치욕이 교차하는 시간이었다. 다시 한 번 이 시간과 기회가
주어진다면 모두가 건너길 원했던 이 꿈의 강을 다 함께
건널 수 있었을 텐데, 그들은 기억 속에 있을 뿐이다.

　　　　그들은 믿지 않았다. 430년 동안 노예로 살던
곳에서 해방되었다는 꿈 같은 말을 도저히 믿을 수
없었다. 사람들은 모두 거리로 나와 이 말이 사실인지
확인하고 있었다. 그러나 누구도 명확한 답을 주는

사람은 없었다. 그냥 모두 흥분의 도가니였다. 하기야
최근에 모세라는 옛날 애굽 왕족의 왕자였던 사람이
도망갔다가 40년 만에 돌아와서 이상한 일들이 일어나고
있었던 것은 사실이었다. 하지만 우리 모두는 그가
하는 일이 마땅찮았다. 그가 왕궁에 드나들면서 무슨
말을 했는지 최근에 노동의 강도가 더 심해졌다. 노동
감독관들은 더 폭력적이 되었고, 포악해졌다. 사람들은
더 힘든 노동을 하고 있었다. 그래서 사람들 사이에서
모세에 대한 불만이 증가하고 있었다. 사실 모세와 그의
형 아론이 우리를 해방시킨다고 하는데, 무엇이 해방인지
정확하게 이해가 되지 않았다. 이곳은 우리의 땅이 아니라
애굽 사람의 땅이지만, 해방이 된다고 해도 갈 곳이 없다.
여기를 떠나서 어디로 갈 것인가? 조상 대대로 그래도
가업을 이어 오면서 살아온 곳인데, 모두 불안한 마음으로
모세를 바라보고 있었다. 더 믿음이 가지 않는 것은 그들은
야훼 하나님께서 우리를 해방시켜 주신다고 했는데,
그동안 말로만 들어 왔던 야훼 하나님이 왜 갑자기
나타나서 이제 우리를 해방시킨다고 하는지 알 수 없었다.
　　　　어젯밤의 일만 해도 그랬다. 갑자기 양을 잡아서
피를 문설주 기둥에 바르라고 했다. 그렇게 하지 않으면
죽는다고 하니까 반신반의하면서 하라는 대로 했다.
그랬더니 그렇게 안 한 애굽의 많은 사람들이 죽었다는

소문이 가득했다. 갑자기 일어난 소문이니 알 길은 없었다. 하지만 소문은 계속해서 퍼져 갔다. 모두 어리둥절하고 있는데 이미 사람들은 이삿짐을 꾸려 어디론지 가고 있었다. 짐을 꾸려서 나서는 사람은 점점 많아졌다. 어디로 가는지 모르지만, 앞 사람의 뒤를 따라가고 있었다. 간간이 이런저런 소문과 얘기가 나돌았지만, 무엇이 사실이고 아닌지를 알 수 없었다. 어떤 사람들은 춤을 추며 노래를 불렀고, 어떤 사람들은 "해방이다"라고 외쳤지만, 대부분은 기쁨보다 근심에 싸여 있었다. 그러나 떠나지 않을 수 없었다. 어차피 남아 있으면 애굽 사람에게 어떤 보복을 당할 것을 알고 있기 때문이다.

　　　　발걸음이 조금씩 늦어지면서 앞에서 무슨 일이 일어나고 있다는 사실을 직감할 수 있었다. 광야 길을 잘 아는 사람은 지금 이 행렬 앞에는 홍해가 있어서 더 갈 수 없다고 했다. 모두 당황했다. 모세는 지난 40년을 광야에서 살았기 때문에 이 근방의 지리를 누구보다 잘 아는 사람이라고 했는데, 왜 이 길을 선택했는지 이해할 수 없었다. 이 진퇴양난의 상황이 어떤 결과를 가져올지 말하지 않아도 알 수 있기 때문이었다. 사람들은 동요하기 시작했다. 애굽으로 돌아가자는 사람, 모세의 말을 믿은 것이 잘못이라는 사람, 도대체 야훼 하나님이 누구냐는 사람, 그리고 조금만 기다려 보자는 사람 등

모두 한마디씩 했다. 그러나 누구도 문제를 해결할 수
있다고 말하는 사람은 없었다. 다만 불안을 감추기 위해
이런저런 얘기들을 할 뿐이었다.

　　　시간이 지루하게 지나고 있었고 앞에 있는
사람들의 움직임은 없었다. 갑자기 뒤쪽의 사람들이
앞으로 밀려오는 듯하며 소란이 일어났다. 애굽 군대가
온다는 것이다. 모두가 짧은 자유민의 시간이 이제
끝났다는 것을 직감했다. 그렇다고 이 광야에서 도망갈
곳도 없었다. 우리 팔자에 무슨 해방인가라는 자조적인
말이 쏟아졌다. 분위기에 휩쓸리지 말고 그냥 집에 있을
걸 하고 후회했지만 이미 지나간 일이었고 엎질러진
물이었다. 그러나 시간이 지나면서 기대했던 아비규환의
소리는 들리지 않았다. 이상했다. 애굽 군대가 더 이상
이곳으로 오지 못하고 있다는 것이다. 원인을 알지
못했지만 모두 가슴을 쓸어내렸다. 혹시 다른 일이
일어났을 가능성이 있을지 모른다는 생각이 들었다.
그러나 불안하기는 마찬가지였다.

　　　갑자기 앞에서 천둥소리와 같은 큰 함성이
들렸다. 그리고 잠시 시간이 지난 후 앞에 있던 사람들이
움직이기 시작했다. 모두 어리둥절했다. 그곳은
바다였기에 더 이상 앞으로 나갈 곳이 없음을 누구나
알고 있었기 때문이다. 사람들에 밀려서 바닷가 앞에

선 사람들은 자신의 눈을 의심했다. 바닷물은 그대로 있는데 그 가운데로 길이 있고, 사람들이 바닷길을 달리듯 건너가고 있는 것이었다. 세상에 이런 광경은 처음 보는 것이었다. 과연 있을 수 있는 일인가. 지금도 그 광경은 꿈꾸는 듯하다. 바닷길을 지나던 그때를 생각하면 지금도 가슴이 조마조마하다. 왜냐하면 그 물 벽이 금방이라도 무너져 내릴 것 같았기 때문이다. 그래서 걸음이 빨라졌다. 걸었는지 뛰었는지 생각나지도 않는다. 두 번 다시 볼 수 없는 물벽의 그 장관을 쳐다볼 여유가 없었다. 다만 빨리 이 물속을 빠져나가야 한다는 생각뿐이었다. 빨리 건너편으로 가야 안심이 되기 때문이다. 이것이 도대체 어떤 상황인지 생각할 겨를이 없었다. 빨리 걸음을 재촉해서 아슬아슬한 이 물벽으로부터 벗어나야 한다는 생각뿐이었다.

가쁜 숨을 헐떡이며 바다 건너편에 도착하고 나서야 겨우 뒤를 돌아보게 되었다. 아직도 사람들은 바닷길을 건너고 있었다. 내가 건널 때보다 그들을 바라보며 더 조마조마한 마음이 들었다. 저 물벽이 언제까지 있을 것인가? 바다 건너편에 도착한 사람들은 다들 지쳐 있었다. 이제 긴장이 풀린 탓도 있고, 무엇보다 아침 일찍부터 많은 일을 겪었기 때문이다. 갑자기 주변이 소란스러워졌다. 바다 건너편에 애굽 군대가 나타난 것이다. 도대체 어디에 있다가 나타난 것인지는 모르지만 모든 사람이 위기의식을 느꼈다. 다시 짐을 챙겨서 가능하면 빨리 더 멀리 도망가야 할 것 같았다. 아직 물속에 사람들이 남아 있었다. 이 상황에서 물속에 있는 그들뿐 아니라 우리가 어떻게 해야 할지 판단이 서질 않았다. 다들 모세가 있는 쪽만 바라보고 있었다. 그들도 답답하고 두렵기는 마찬가지였다. 그때 놀라운 광경이 일어났다. 그동안 견고하게 서 있던 거대한 물벽이 이스라엘 백성들이 바다를 건넘과 동시에 무너지기 시작한 것이다. 한순간에 물벽이 무너짐으로 바닷길은 없어졌고, 이스라엘 백성들을 향해서 달려오던 애굽의 군대는 순식간에 수장되었다. 눈 깜작할 순간에 일어난 일이라 모두가 어안이 벙벙해졌고, 보고 있던 나도 도대체 무슨 일이 일어났는지 가늠할 수 없었다. 이 광경은 평생 잊을 수 없는 기억이 되었다. 사람들이 다시 움직인다는 얘기를 들을 때까지 한동안 멍하니 바다와 그 물결에 휩쓸려 가는 애굽 군인들을 바라보고 있었다.

　　　　광야의 길은 처음부터 쉽지 않았다. 대부분이 이런 광야 길은 처음인 데다, 급하게 나오느라 짐도 제대로 챙기지 못했다. 사실 먼 길을 가는데 어떻게 많은 짐을 가지고 나올 수 있었겠는가? 해방의 기쁨과 얼마 전에 목격한 홍해에 대한 너무 강렬한 잔상이 있어서 힘들어도 불평할 수 있는 입장이 아니었다. 그러나 사람의 인내는 금방 한계를 드러내었다. 조금씩 불평이 나오더니 급기야는 "우리가 이 광야에 죽으러 왔느냐"는 험한 말도 거침없이 내뱉었다. 광야의 생활도 일반 생활도 거의 비슷하다. 물도 필요하고, 양식도 있어야 하고, 잠자리도 제공되어야 한다. 그러니 그런 사소한 일상의 필요들 앞에 해방이라는 신분적인 문제는 한낱 철학적인 개념에 불과했다. 이러한 시급한 일상의 필요들 앞에 백성들의 인내는 무너졌고, 예상치 못한 불편함이 가중될수록 불평과 불만의 목소리는 높아져만 갔다. 그들은 매일 작업장에서 고된 노동과 감독관의 채찍과 욕설이 난무하던 시절을 잊은 것 같았다. 모든 것이 당연하고, 모든 것이 준비되어 있어야 하는 환경에서 생활하던 사람들 같았다. 나는 무섭게 변화된 사람들의 모습에 너무나 놀랐다. 사람이 이렇게 변할 수 있다는 사실에 놀라움을 넘어 슬픔마저 들었다.

한번 내뱉은 욕과 불평은 이제 일상이 되어 버렸다. 민수기는 이러한 이스라엘의 광야 생활을 너무나 생생하게 기록하고 있다. 급기야는 모세의 권위에 도전하는 과감한 불법적인 행위를 하게 되었다. 이 도전에는 단지 몇 사람이 아니라 250여 명의 지도자들이 함께 참여했다는 사실만 보더라도 얼마나 심각한 문제였는지 알 수 있다. 사실 이들이 도전한 대상은 모세가 아니라 하나님이었다. 모세는 그때까지 하나님의 명령을 전달하고 시행하는 지도자 겸 종의 역할이었다. 그러니 종을 대적한다는 것은 주인을 대적하는 것과 같기 때문이다. 인간의 죄의 모습은 언제나 이렇다. 에덴에서 사람이 뱀의 꾐에 빠져서 죄를 지을 때, 그들에게 가장 매력적으로 들렸던 사탄의 소리는 "너희 눈이 밝아져 하나님과 같이 되어 선악을 알 줄 하나님이 아심이니라" (창 3:5)였다. 선악을 알게 되는 것이 아니라 하나님과 같이 된다는 것이 그들이 원했던 속내였다. 죄는 우리가 생각하는 것과 같은 사소한 잘못이나 실수가 아니다. 하나님을 전면적으로 부정하고 내가 하나님과 같은 존재가 되고 싶은 열망이 그 안에 있는 것이다. 내가 하나님께 종속된 존재가 아니라 하나님으로부터 독립적인 존재가 되기를 원하는 욕심이 그 속에 잠재되어 있는 것이다. 하나님께서는 고라 무리의 죄를 엄중하게 처리하셨다 (민 16장 참조). 그들은 마지막까지 자신의 죄를 뉘우치지 않았다. 하나님께서는 고라와 지파의 지도자 250명의 무리와 그 가족을 땅을 열어 그 속에 묻히게 하셨다.

　　　무엇보다 가장 아쉬운 시간은 가데스 바네아에서 출발한 40일간의 가나안 정탐이었다. 그 땅을 보는 순간 하나님께서 준비해 놓으신 젖과 꿀이 흐르는 땅이라는 사실을 알 수 있었다. 이는 하나님께서 이스라엘을 향한 최고의 선물을 주신 것으로 생각이 들었다. 그러나 다른 이들의 생각은 달랐다. 광야를 지나오면서 기대하고 바랐던 모든 것을 갖추고 있는 땅이었는데, 무엇을 부족하게 생각했는지 알 수 없었다. 이보다 얼마나 더 완벽한 조건을 기대했는지 이해할 수 없었다. 얼마 전까지 우리는 학대받는 노예로 살았는데, 마치 궁중에서 살다 온 사람과 같은 생각을 하고 있다는 생각이 들었다. 결국 그들의 생각에 사람들은 매우 민감하게 반응했고 분노한 민심은 하나님을 대적하는 결과는 낳았다. 그래서 우리는 다시 광야로 돌아가서 38년을 더 방황했고, 함께 나온 이들은 모두 꿈에 그리던 약속의 땅 가나안을 밟아 보지도 못하고 광야에서 뼈를 묻었다.

절망적인 것은 민수기 25장에 기록된 "이스라엘이 싯딤에 머물러 있더니 그 백성이 모압 여자들과 음행하기를 시작하니라"(민 25:1)이다. 이뿐만 아니었다. 이스라엘 백성들은 하나님을 두고 미디안 사람들이 섬기는 바알브올을 섬겼다. 하나님께서 격노하여 이스라엘 백성 2만 4,000명을 죽이셨다. 당시 이스라엘 백성은 가나안을 눈앞에 둔 요단 동쪽에 있었다. 그야말로 가나안 땅으로 들어가기 일보직전이었던 것이다. 출애굽 당시에 출발했던 출애굽 1세대는 이미 광야에서

다 죽었고, 광야세대인 출애굽 2세대가 이스라엘의
주축을 이루고 있었다. 이들은 자기의 조상이 가데스
바네아 사건으로 말미암아 모두 광야에서 죽었다는 것을
실제로 체험한 세대였기에 이 사건은 매우 충격적이었다.
이스라엘 새 세대의 암울한 앞날을 보는 순간이었다.

지난 40년을 돌아보면 이스라엘 백성은
하나님께서 베풀어 주신 것에 대해 단 한 번도 감사하지
못했다. 무엇이든지 너무 당연한 것으로 생각했고 더
많은 것을 요구했다. 순종과 감사보다는 불순종과 불평
그리고 불만을 켜켜이 쌓아 갔다. 그로 인해 분노가
일어났다. 그러나 누구를 위한 분노인가? 받을 자격이
없었던 자들에게 광야 40년 동안 의식주와 의복과
신발조차도 닳지 않도록 하신 그분에게 우리는 무엇을
드렸는가. 한마디로 '배신'이었다. 지난 40년은 배신의
연속이었고, 우리의 정체성을 단 한 번도 진지하게
생각해 보지 못하고 사소한 개인의 필요에 온 정신을
팔았던 참으로 어리석은 시간이었다.

40년 광야의 끝에서 요단을 눈앞에 두고,
약속의 땅에서 다시는 지난 40년의 광야를 되풀이하지
않기를 기대해 본다. 출발을 알리는 나팔 소리에 다시
몸을 일으킨다. 그리고 약속의 땅을 향한 마지막 걸음을
내딛는다.

순례자의 집

^{1}사람이 내게 말하기를 여호와의 집에 올라가자 할 때에 내가 기뻐하였도다 ^{2}예루살렘아 우리 발이 네 성문 안에 섰도다 ^{3}예루살렘아 너는 잘 짜여진 성읍과 같이 건설되었도다 ^{4}지파들 곧 여호와의 지파들이 여호와의 이름에 감사하려고 이스라엘의 전례대로 그리로 올라가는도다 ^{5}거기에 심판의 보좌를 두셨으니 곧 다윗의 집의 보좌로다 ^{6}예루살렘을 위하여 평

—

안을 구하라 예루살렘을 사랑하는 자는 형통하리로다 ⁷네 성 안에는 평안이 있고 네 궁중에는 형통함이 있을지어다 ⁸내가 내 형제와 친구를 위하여 이제 말하리니 네 가운데에 평안이 있을지어다 ⁹여호와 우리 하나님의 집을 위하여 내가 너를 위하여 복을 구하리로다

—

한동안 세대 불문하고 가슴을 설레게 했던 순례의 길이
있었다. 스페인의 산티아고이다. 산티아고 순례길은
프랑스 남부 국경 마을 생장 피에드 포르에서 예수의
열두 제자 중 성 야고보의 무덤이 있는 스페인 북서쪽
도시 산티아고 데 콤포스텔라(Camino de Santiago)까지 무려
800킬로미터에 이르는 길을 가리킨다. 이 길은 9세기
스페인 산티아고 데 콤포스텔라에서 성 야고보의 유해가
발견되었다고 알려져 유럽 전역에서 많은 순례객이
오가기 시작했는데, 예수님의 제자인 야고보를 스페인의
수호성인으로 모시게 되면서 오늘날 순례길이 생겼다.
        산티아고의 순례길 전체를 다 걸은 친구가
있다. 오래전부터 가고 싶어 했기 때문에 많은 준비를
했는데, 다양한 상황을 생각해서 필요한 물품들을 챙겼다.
그러나 정작 별로 사용하지 못했다고 한다. 오히려 그
무게 때문에 걷는데 짐이 되었다. 순례를 준비할 때

필요하다고 생각했던 물건 중 일부만이 소용되었다고 한다. 그래서 하루하루 지내면서 다른 사람에게 필요한 물건을 주든지 아니면 숙박했던 곳에 두어서 필요한 사람이 가져가도록 했다. 생각해 보면 언제 사용될지 모르는 것을 짐스럽게 가지고 다니는 것은 참으로 어리석은 일이다. 우리의 삶에서 그런 부분들이 얼마나 많은가. 순례의 길은 가장 가볍고 간소하게 꾸려서 가는 것이 참 순례자의 모습이다.

언제부터인가 나도 순례자의 길을 걸어 보기를 원했다. 스페인의 산티아고보다 예수님께서 거니셨던 갈릴리 바닷가를 걷고 싶었다. 제자들과 걸으시면서 무슨 얘기를 하셨을까? 내가 사랑하는 말씀인 산상수훈을 선포하신 그 언덕에 서 보고 싶었다. "심령이 가난한 자는 복이 있나니 천국이 그들의 것임이요"의 의미를 다시 한 번 더 새겨 보고 싶었다. 가지고 있던 재산의 전부인 옥합을 깨뜨려 예수님의 발에 붓고 자신의 머릿결로 예수님의 발을 닦았던 바리새인 시몬의 집을 보고 싶었다. 예수님께서 로마 군인들에게 모진 채찍을 맞으신 대제사장의 집 뜰을 보고 싶었다. 그곳에서 흘리신 피와 채찍에 뜯긴 살점이 나를 고쳤기 때문이다. 그리고 주님께서 십자가를 지고 걸으셨던 골고다 언덕을 걸어 보길 원했다. 그가 짊어지신 세상을 구원할 하나님의

계획에 순종하는 죽음의 길에 새겨진 그의 핏방울을 보고
싶었다. 하지만 아직은 내게 그 기회가 주어지지 않았다.
언젠가 순례자의 벅찬 감격을 느끼는 날이 오리라.

인생은 순례의 길이다. 순례자는 자신이
돌아갈 마지막 목표가 있으며, 그곳이 어디인지 분명히
알고 있다. 이스라엘 백성의 삶의 여정의 마지막은
예루살렘이다. 하나님께서는 모세를 통해서 이스라엘
백성은 일 년에 세 번(유월절, 맥추절, 수장절) 여호와 앞에
나오라고 명령하셨다(출 23:17 참조). 그 성은 하나님께서
거하시며, 하나님의 성전이 있는 곳이다. 그래서
이스라엘 백성은 평생에 그곳에 가서 예배와 제사를
드리기 원한다. 그곳은 이스라엘 백성의 뿌리와 같고
마음의 고향과도 같은 곳이기 때문이다. 예루살렘
성은 상당히 높은 곳에 위치하고 있다. 그래서 다윗
왕이 이곳을 정복하기 이전에는 여부스 족속이 이 성에
살고 있었는데, 가나안 정복 당시 이곳을 점령하지
못했다. 이 성은 천혜의 요새여서 누구도 함락시키지
못하는 그야말로 난공불락의 성이었다. 하지만 다윗이
이스라엘과 유다 전체의 통합 왕으로 추대를 받으면서
전광석화와 같은 작전으로 이 성을 함락하여 이스라엘의
중심지로 삼은 것이다. 이 성은 다윗에 의해서 하나님의
도성으로 순례자의 최종 목적지로 바뀌었다.

순례자가 목적지를 향해서 갈 때, 언제 그곳에 당도할지 모른다는 점이 어렵다. 언제쯤 도착할지 알면 이런저런 계획을 세울 터인데, 도착 예정일을 모른다는 것은 참으로 답답한 일이다. 그러니 순례의 길에 계획이라는 것은 없다. 다만 매일매일 성실하게 날마다 최선을 다해서 걸어가는 길 외에는 다른 방법이 없다. 또한 그곳은 두 번 갈 수 있는 길이 아니기 때문에 이전에 다녀온 경험이 없다. 오늘 순례자가 지나가는 모든 것은 처음이며, 생소한 풍경이며, 예전에 없던 경험이다. 오늘은 어떤 길이 내 앞에 있을지, 오늘 밤은 어느 곳에서 하룻밤을 묵을지 알 수 없다. 하루 또 하루를 순례자로 지내다 보면 나에게 가장 알맞은 짐의 정도를 알게 된다. 너무 많은 짐을 지고 가는 것은 참으로 어리석은 일이다. 그 짐이 언제 필요할지 모르기 때문이다. 그러나 대부분은 사용되지 않는다. 혹시 필요한 상황이 닥친다 해도 염려할 필요가 없다. 왜냐하면 잠시 동안 필요가 충족되지 않는다고 해서 순례의 길이 닫히는 것은 아니다. 순례의 길에서는 필요가 그때그때 채워지는 은혜를 경험하게 된다. 그래서 순례자의 짐은 언제나 가벼워야 한다.

예루살렘 성을 향하여 갈 때 문제가 되는 것은 계속 산을 넘고 또 넘어가야 한다. 산을 계속해서 넘어서 걸어가는 것은 순례자에게는 숙명적인 고통이다.

이미 지쳐 있는데 산을 넘고 또 넘어야 하고, 길은 곧
어두워지는데 가야 할 길은 멀고 하룻밤 묵을 곳은
보이지 않는다. 따뜻한 한 그릇의 수프와 한 장의 담요가
절실히 필요하지만 언제나 어디서나 있을 것 같은 이
작은 필요가 채워지지 않을 때도 수없이 많다. 때때로
예상치 못한 위험에 대한 두려움이 엄습해 온다. 이때
순례자가 할 수 있는 일은 무엇인가? 그것은 상황과
상관없이 예루살렘을 향한 순례의 길을 지속하는 것이다.
하나님께서 나와 동행하시며, 인도해 주신다는 믿음을
가지고 가던 길을 계속 가는 것이다. 그 신뢰의 걸음이
순례자를 예루살렘에 당도하게 한다. 하지만 처음
경험하는 주변 환경은 언제나 순례자의 마음을 불안하게
하고 두려움을 갖게 한다.

　　　　　이스라엘 백성이 바벨론에 포로로 끌려갔다가
고레스에 의해서 해방되어 예루살렘으로 귀환했다.
포로로 잡혀갈 때처럼 3차에 걸쳐서 귀환했는데, 그
거리가 상당히 멀었다(1,000~1,400킬로미터로 추정). 그중에
2차 귀환의 인도자는 제사장 에스라였다. 그는 당시에
바벨론에서 탈취해 갔던 많은 성전의 용품들을 되돌려
가지고 왔는데, 그것의 대부분은 금이었다. 따라서
강도나 탈취의 위험이 매우 높았다. 그럼에도 불구하고
아닥사스다 왕이 제안하는 군사 호위를 거절하고

백성들로만 이루어진 귀환을 감행했다. 그 이유는 하나님께서 자신들과 함께하신다는 깊은 하나님에 대한 신뢰였다. 그들은 몸 하나도 다치지 않고 무사히 예루살렘에 귀환했다.

하나님을 믿는 우리 모두는 예루살렘을 향해서 가는 순례자와 같이 하나님 나라를 소망하며 길을 가는 나그네다. 나그네의 삶은 언제나 예상치 못한 새로운 환경에 직면한다. 언제 무슨 일이 생길지 예상할 수 없다. 만약 나그네의 걸음에 가야 할 목적지가 분명하지 않다면 그 걸음은 바람과 같을 것이다. 지나온 곳을 또 지나고, 스쳐 지난 사람들을 또 만나고, 두고 온 것들에 대한 미련이 그의 마음 닿는 곳으로 걸음을 돌이킬 것이다. 그러다 결국은 목적지를 잃고 한 곳에서 오가지도 못하고 걸음 대신 눈으로만 갈 곳을 바라보는 안타까운 삶이 될 것이다.

무엇이 순례자의 걸음을 목적지에 당도하게 하는가? 내딛는 한 걸음 또 한 걸음에 나를 부르신 분에 대한 신뢰를 담는 것이다. 나를 사로잡는 풍경에서 눈길을 돌려 나를 기다리시는 그분을 바라보는 것이다. 종종 불안한 마음이 나의 눈을 다른 곳으로 향하게 한다. 불신이 나의 걸음을 지체시키고, 불만족한 마음이 지나치는 세상에 대한 욕심을 증가시킨다. 그리고 잠시나마 걸음을 멈추게 한다. 동행이 없는 순례자의 걸음은 너무나 무겁고 힘들다. 지친 순례자가 그 길을 걸을 수 있는 단 한 가지 이유는 그의 걸음을 지금까지 지키신 그분이 함께하기 때문이다. 그분이 이 순례의 길을 나서게 하셨고, 그 길을 지속적으로 가게 하셨고, 때때로 잘못 가는 길을 막으셨으며, 사람의 그림자도 발견할 수 없는 황량한 광야에서 나의 동반자가 되셨다.

성을 지키는 파수꾼도 졸고, 성전을 지키는 레위인도 졸음을 이기지 못하고, 중천에 떠 있던 해도 자신의 무게를 감당치 못하여 기울어지고, 해를 대신해서 나왔던 달도 구름에 자신의 존재를 상실하여 사라지고, 수많은 별들도 누군가의 부름에 원래 있던 곳으로 달려가서 아무도 없는 곳처럼 보일 수 있다. 그러나 그곳에 순례자를 기다리는 주님께서 계신다. 순례자의 지친 걸음을 위로하시고, 그간의 수고한 순례의 노고를 위로해 주실 것이다.

저 멀리 순례자가 가야 할 예루살렘 성이 보인다. 단숨에 갈 수 있으리라 생각하지만 몇 개의 깊은 시내와 산을 더 넘어야 할지 가늠을 할 수 없다. 보이는 것이 다가 아니기 때문이다. 끝까지 나의 걸음을 그분에게 맡긴다. 한 걸음 앞서서 가시는 그분의 그림자를 밟으며 날마다 따라가야 한다. 그분의 지팡이가 나를

지키는 군대인 것을 믿으면서 또한 그분이 가리키는
손끝에 나의 시선을 고정시키며 한 걸음 한 걸음 발길을
옮긴다. 그러면 어느 날 기대하던 그 예루살렘에
다다르며, 그 성안에서 나그네의 짐을 풀고 지치고 상한
발을 뻗고 안식을 누리는 그 날을 맞이할 것이다. 그리고
주님께서 지친 발걸음의 순례자를 맞이해 주실 것이다.
긴 순례자의 길을 믿음을 가지고 걸어가길 원한다.

순례자의 노래 Pilgrim's Song

저 멀리 뵈는 나의 시온 성 오 거룩한 곳 아버지 집

내 사모하는 집에 가고자 한 밤을 새웠네.

저 망망한 바다 위에 이 몸이 상할지라도

오늘은 이곳 내일은 저곳 주 복음 전하리.

아득한 나의 갈길 다 가고 저 동산에서 별이 질 때

내 고생하는 모든 일들을 주께서 아시리.

빈들이나 사막에서 이 몸이 곤할지라도

오 내 주 예수 날 사랑하사 날 지켜 주시리.

농부의 마음으로 사는 그리스도인

[1]여호와께서 시온의 포로를 돌려보내실 때에 우리는 꿈꾸는 것 같았도다

[2]그 때에 우리 입에는 웃음이 가득하고 우리 혀에는 찬양이 찼었도다 그

때에 뭇 나라 가운데에서 말하기를 여호와께서 그들을 위하여 큰 일을 행

하셨다 하였도다 [3]여호와께서 우리를 위하여 큰 일을 행하셨으니 우리는

—

기쁘도다 ⁴여호와여 우리의 포로를 남방 시내들 같이 돌려보내소서 ⁵눈

물을 흘리며 씨를 뿌리는 자는 기쁨으로 거두리로다 ⁶울며 씨를 뿌리러

나가는 자는 반드시 기쁨으로 그 곡식 단을 가지고 돌아오리로다

—

이 시는 유다 백성들이 바벨론에서 포로로 70년을
생활하다가 귀환했을 때의 감격으로 하나님 앞으로
나아가며 부르는 찬송이다. 70년의 포로 생활을 마치고
조국으로 돌아오는 감격은 어떤 것일까? 먼 길을
끌려갔다 돌아오는 길에서 느끼는 기쁨은 이루 말할 수
없다. 물론 포로로 끌려갔던 당시의 사람들이 고스란히
다시 돌아온 것은 아니다. 조국이 아닌 곳에서 살아가는
이들의 처지는 세계 어디나 어느 세대나 마찬가지다.
끌려왔던 세대는 두고 온 고향 산천의 생각에 잠 못
이루며, 귀향에 대한 설렘이 있었을 것이다. 포로의
땅에서 태어난 2세들은 한 번도 가 보지 못하고 말로만
들었던 그곳에 대한 기대와 불안이 함께 감정을 지배했을
것이다. 그들은 히브리 말보다 바벨론 말이 더 편했고,
야훼 하나님보다 마르둑(Marduk, 고대 바벨론의 수호신)이
더 친밀했다. 왜 굳이 예루살렘으로 돌아가야 하는지

정확한 이유를 모르는 사람들도 있었다. 감격만큼 걱정과 두려움이 앞서는 것이 정상일 것이다. 70년 동안 보지 못했던 고향 예루살렘. 성전과 성벽이 다 파괴되었는데, 과연 그것들을 어떻게 할 수 있을까? 그러한 현실적인 염려들이 분명 있었을 것이다. 그러나 이 찬송에는 그러한 염려를 찾아볼 수 없다. 그들은 왜 새삼 이 노래를 시편으로 편입시켜 전승했을까? 다윗의 시편과는 500년이라는 세월의 간격이 있는데. 분명히 이 시편을 통하여 나라를 잃은 서러움을 다시는 겪지 말라는 교훈의 찬송으로 기억하자는 것이다.

1   여호와께서 시온의 포로를 돌려보내실 때에 우리는 꿈꾸는 것 같았도다

2   그 때에 우리 입에는 웃음이 가득하고 우리 혀에는 찬양이 찼었도다 그 때에 뭇 나라 가운데에서 말하기를 여호와께서 그들을 위하여 큰 일을 행하셨다 하였도다

3   여호와께서 우리를 위하여 큰 일을 행하셨으니 우리는 기쁘도다

위의 본문에서 해방의 기쁨은 누구나 갖는 것이지만 그 해방을 베푸신 이가 하나님이심을 분명하게

언급하고 있다. "뭇 나라 가운데서 말하기를 여호와께서 그들을 위하여 큰 일을 행하셨다 하였도다." 당시의 상황을 우리가 알고 있듯이 페르시아의 고레스 왕에 의해서 바벨론이 멸망하면서 바벨론의 속국이었던 유다 백성들의 귀환이 결정되었다. 그것은 역사적인 사실이며 주변의 뭇 나라들이 고레스가 아닌 여호와께서 유다 백성들을 위하여 해방을 허락하셨다고 얘기하였다. 이 말이 하나님을 믿는 유다 백성들의 말이라면 이해가 되지만(물론 성경에는 하나님께서 고레스를 세우셔서 그렇게 하셨다고 기록되었다), 다른 나라들이 그렇게 말하는 것은 이해하기 어렵다. 하지만 시편의 기자는 그 일을 그렇게 기록하고 있다. 굳이 이방 사람들의 입을 빌어서까지 이렇게 기록해야 할 이유가 있었을까? 그것은 자신들 즉 유다 백성들뿐 아니라 이방 사람들조차도 유다의 귀환은 하나님의 섭리임을 누구나 알고 있다고 선포하는 것이다. 하나님께서 이스라엘의 하나님 되심을 선포하는 것이며, 이스라엘이 하나님의 백성임을 누구나 알고 있고, 하나님께서 이스라엘을 위하여 일하심을 만방에 알리는 것이다.

그렇다. 하나님의 백성들에 관한 일은, 아니 하나님의 백성들에게 일어나는 일은 우리가 굳이 말하지 않아도 주변의 사람들이 그 사실을 분명히 알고 있다.

이것은 매우 중요하다. 하나님의 역사는 내가 아닌
주변 사람들의 입을 통해서 증거되고 있다는 사실이다.
따라서 나의 삶 가운데 일어난 수많은 일들의 주관자가
내가 아닌 하나님임을 고백하는 것은 너무나 당연한
일이 아닌가? 포로에서 해방되는 그들은 입에 웃음이
가득하고, 입술에는 찬양이 넘쳤고, 기쁨이 가득했다
(filled with joy)고 증언하고 있다. 하나님의 일하심은
해방의 사건과 같은 국가적인 문제뿐만 아니라 교회
공동체에서 사람을 세워 가는 일이나 우리의 영혼에서
일어난 구원사건과 같은 일에서도 동일할 것이다.
당시에는 하나님께서 고레스를 통하여 유다를
해방시켰지만, 지금 우리의 영혼은 하나님께서 자신의
아들인 예수 그리스도의 십자가를 통해서 이루어 주셨다.
하나님께서는 때마다 필요에 따라서 하나님의 사람을
통하여 백성들에게 은혜를 베푸신다.

4   여호와여 우리의 포로를 남방 시내들 같이
        돌려보내소서

5   눈물을 흘리며 씨를 뿌리는 자는 기쁨으로
        거두리로다

6   울며 씨를 뿌리러 나가는 자는 반드시 기쁨으로 그
        곡식 단을 가지고 돌아오리로다

앞 절에서는 민족 해방의 감격을 묘사했지만,
뒤 절에서는 해방이 되어서 일상으로 돌아왔을 때의 삶을
언급하고 있다. 해방 사건과 같이 하나님께서 여전히
그들의 삶에 간섭하시고 은혜를 베푸실 것이다.
4절을 영어 성경(NIV)은 이렇게 기록하고 있다. "Restore
our fortunes, O Lord, like streams in the Negev." 이 내용을
해석하면 "주님 우리에게 네게브에 있는 시내와 같이
(당신께서 허락하신) 우리의 복을 회복하게 하옵소서"이다.
여기서 약간의 설명이 필요하다. "Negev"는 이스라엘의
남쪽 지역의 곡창지대이다. 우기 때에는 곡식을
경작하기에 충분한 비가 내려서 마른 논을 적셔 주기
때문이다. 따라서 유다 백성들이 4절과 같이 찬송하는
것은 "하나님! 우리의 일상을 지켜 주시고 필요를 채워
주시옵소서"라는 기도이다. 그리고 삶의 각오를 노래하고
있다. 일상에 하나님께서 은혜를 베풀어 주심으로 기쁨의
단을 거둘 수 있다는 고백이다.

우리의 삶도 동일하지 않겠는가?

네게브 광야에서 경작에 필요한 비를 주시는 분은
하나님이시지만 그것이 모든 문제를 해결하지 못한다.
일상에서 우리의 책임과 의무를 감당할 때 하나님께서
주시는 은혜와 축복이 의미가 있는 것이다. 만약 네게브
광야에 하나님께서 경작에 필요한 비를 주지 않으시면

우리의 노력은 허사이다. 그런 면에서 그리스도인들의
일상은 너무나 중요하다. 하나님의 역사가 나타나는
통로이기 때문이다. "이같이 너희 빛이 사람 앞에 비치게
하여 그들로 너희 착한 행실을 보고 하늘에 계신 너희
아버지께 영광을 돌리게 하라"(마 5:16).

　　　　사람들은 삶에서 기적이 일어나기를 기대한다.
그러나 그 기적에 대한 기억과 영향은 오래가지 못한다.
수많은 기적을 본 제자들이 결국은 마지막 순간,
예수님이 로마 군인들에게 잡히는 그 순간에 모두 등을
돌렸다. 이스라엘 사람들은 예수님에게 기적을 요구했고,
그들은 그 기적의 목격자였고 그로 인해 열광했다.
하지만 결국은 예수님을 십자가에 못 박는 데 동의했던
사람들이었다. 사람들은 이익에 따라 혹은 군중심리에
따라 의사표시를 달리한다. 왜냐하면 그들은 하나님의
백성이라 자처하지만, 실제로는 하나님의 말씀을 믿고
따르는 사람들이 아니었기 때문이다. 일상은 언제나
멋있는 구호와 명분이 있는 것이 아니라 자질구레하고
복잡하게 얽힌 실타래를 풀어내는 것과 같은 지루한
일이 대부분이다. 이러한 상황에서 자신을 희생하며
하나님의 영광을 위하여 헌신하는 삶은 결코 쉬운
일이 아니다. 왜냐하면 이름이 알려진 사람들의 일상은
연출도 많고 확대해서 포장해 주는 매스컴도 있지만,

우리와 같이 이름도 없는 사람들의 일상을 누가 주목한단 말인가? 그러나 하나님께서는 작은 자에게 그의 관심을 나타내고 있지 않으신가? 하나님의 나라는 이러한 소자들이 부르는 입술의 찬양과 웃음이 가득한 나라가 아니던가.

외인들은 이제 더 이상 매스컴에서 떠드는 포장된 종교인들의 말을 믿지 않는다. 옆집에 사는 이름도 없는 우리와 같은 사람들의 삶을 유심히 살필 뿐이다. 이것이 그들의 판단 기준이다. 이들은 항상 이렇게 말한다. 옆집 사는 누구의 삶을 보니 "하나님이 살아 계시는 것 같다"는 생각을 하게 되었다고 말하지 "TV에 나오는 사람의 말을 들으니 하나님이 살아 계시는 것 같다"고 결코 말하지 않는다. 그래서 우리와 같은 무명의 일상이 의미가 있다.

구원의 의미와 하나님 백성으로서의 신분을 이해하고 날마다 성령 하나님과 동행하며 이 땅에서 죄와 피 흘리기까지 싸우며, 그리스도의 제자로서 살아가는 일상의 영성이 절실히 필요하다. 눈물을 흘리며 씨를 뿌리는 농부의 손을 누가 주목하겠는가! 그러나 그러한 농부의 손이 없다면 그 땅에서의 결실과 농부에게 허락된 추수의 기쁨은 결코 얻을 수 없을 것이다. 이 땅의 그리스도인들이 이러한 농부의 맘으로 살아갈 때, 하나님께서 네게브 광야에 허락하시는 단비가 삶에 결실을 맺게 할 것이다. 그 결실의 단을 거두어 오는 자에게서 해방된 귀환의 길에서 유다 백성들이 불렀던 찬송과 같은 노래를 들을 수 있을 것이다. 그들은 입에 웃음이 가득하고, 입술에 찬양이 넘쳤고, 얼굴에 기쁨이 가득했다.

하나님을 떠난 인생의 한계

[1]여호와께서 집을 세우지 아니하시면 세우는 자의 수고가 헛되며 여호와께서 성을 지키지 아니하시면 파수꾼의 깨어 있음이 헛되도다 [2]너희가 일찍이 일어나고 늦게 누우며 수고의 떡을 먹음이 헛되도다 그러므로 여호와께서 그의 사랑하시는 자에게는 잠을 주시는도다 [3]보라 자식들은 여호

—

와의 기업이요 태의 열매는 그의 상급이로다 ⁴젊은 자의 자식은 장사의 수중의 화살 같으니 ⁵이것이 그의 화살통에 가득한 자는 복되도다 그들이 성문에서 그들의 원수와 담판할 때에 수치를 당하지 아니하리로다

인간이 겪는 절망 중 하나는 열심히 노력했는데도 일이
뜻대로 잘되지 않을 때이다. 일반적으로 과학(science)
이라고 칭할 때 가장 중요한 척도는 투입(input)에 대한
결과(output)이다. 동일한 상황에서 동일한 노력을
투입했을 때 동일한 결과가 반복적으로 일어나는
상태를 과학이라고 정의한다. 하지만 세상의 일들이
그렇게 과학적인 사고와 수치로만 이루어진다면
얼마나 좋겠는가? 과학에 대한 가장 잘못된 예가
의학인데, 의학은 분명 과학을 기초로 하지만 엄밀하게
따지면 과학의 범주에서 벗어나 있다고 생각한다.
동일한 조건 하에서 동일한 의술의 시행 혹은 동일한
약물을 투입했음에도 불구하고 동일한 결과가
반복적으로 나타나지 않는 경우가 얼마든지 발생하기
때문이다.

　　그러한 고민을 적은 책이 하버드 의대

교수이며 종양학자인 제롬 그루프먼(Jerome Groopman)의
《희망의 힘》(The anatomy of Hope)이다. 과학도로서
의사로서 동일한 인풋으로 인한 기대치가 아닌 상이한
아웃풋에 대한 고민과 경험을 이야기로 담은 책이다.
음식을 먹었다면 배설하는 것이 마땅하고, 책을
읽었으면 그에 대한 지식이 남아서 활용되는 것이
마땅하고, 무엇인가 최선을 다해서 노력했으면 결과를
얻는 것이 마땅하다. 우리는 그렇게 배웠고, 또 그렇게
가르치고 있다. 그러나 아쉽게도 인간의 삶은 그렇지
못하다. 인간의 삶을 과학적인 투입과 산출의 논리로
이해하려고 하지만 삶의 가장 중요한 일들은 과학의
법칙에서 비켜나 있다. 최선을 다해 노력했는데도
뜻대로 결과가 주어지지 않을 때 우리는 운이 없다거나
혹은 때가 좋지 않았다고 하거나, 다음에는 괜찮아질
것이라고 애써 위안을 한다. 물론 때때로 좌절하기도
한다.

1   여호와께서 집을 세우지 아니하시면
     세우는 자의 수고가 헛되며 여호와께서 성을
     지키지 아니하시면 파수꾼의 깨어 있음이
     헛되도다
2   너희가 일찍이 일어나고 늦게 누우며

수고의 떡을 먹음이 헛되도다 그러므로

여호와께서 그의 사랑하시는 자에게는 잠을

주시는도다

　　본문에서는 집이 세워짐과 성이 안전하게
지켜짐과 열심히 일한 수고의 대가가 그의 노력에 달려
있지 않고 하나님의 손에 달려 있다고 선언한다. 이 말은
우리로 하여금 일시적으로 반항하게 하고 좌절하게 하고
그럼 어떻게 하란 말인가 반문하게 하지만, 궁극적으로는
겸손하게 하며 내가 알고 있는 것이 전부가 아님을
확인시켜 주는 말이다. 즉 인생의 주체가 하나님임을
인정하게 한다.

　　본문을 확인할 수 있는 것은 두 가지이다.
첫째는 우리 삶의 모든 행위는 하나님의 섭리 안에
있다는 것이다. 하나님께서 함께하시지 않는다면, 지켜
주시지 않는다면 의미가 없다고 분명하게 선언하고
있다. 여기서 우리는 쉽게 '그것이 이루어지지 않는다'
는 점을 강조하기 싶다. 물론 '하나님께서 함께하시고
도와주시지 않는다면'이라는 전제를 달고 있기 때문이다.
그러나 다시 생각해 보면 다른 의미를 찾을 수 있는데,
그것은 무가치함이다. 외형적으로 이루어졌는데 원래
생각했던 가치나 의미를 찾을 수 없을 때이다. 이 일이

이루어지면 모든 것이 다 순조롭게 풀리고 정상적인
모습으로 돌아올 줄 알았는데, 그것이 아니었다는
의미이다. 어쩌면 많은 사람들이 좌절하는 이유가
기대했던 일이 이루어지지 않았다는 데서가 아니라
기대했던 결과가 나타나지 않았다는 데 있지 않을까.
모든 것을 다 걸고 최선의 노력을 기울여서 무언가를
이루었는데, 그것을 통해서 다른 모든 것이 해결될
기대를 했는데 결과는 기대와 다를 때 겪는 좌절은
너무나 큰 고통이다. 이를 통해 자신이 얼마나 어리석은
판단을 했는가를 확인하게 된다.

둘째는 추구의 목적이 다른 경우이다. 그
일을 시작하는 동기가 다른 경우를 의미한다. 결과가
헛된 것이 아니라, 시작부터 전혀 다른 동기와 목적을
가지고 다른 방향을 향해서 출발하는 것이다. 그러한
경우 이루어졌다고 해도 그것은 헛된 것이다. 물론
어떤 경우는 금방 성취의 무가치함을 인지하지 못하고
많은 시간이 지나서야 잘못을 깨닫기도 한다. 그로
인해 많은 인생이 허무함을 경험하며, 이룬 것에 대한
회의감 때문에 극단적인 선택을 하는 경우도 얼마든지
발생한다. 이것이 얼마나 위험한지 직접 경험해
보지 않으면 알 수 없다. 어떤 경우는 온 삶을 통해
이루었는데 인생의 끝자락에 무엇인가 잘못되었음을

깨달았다면 그때 느끼는 좌절은 측정하기가 어려울
것이다. 그러면 그 인생은 어떻게 보상이 되어야 하는지
참으로 암담하다.

알아야 할 것은 인생의 한계이다. 죄로
원래의 목적에서 벗어난 세상, 하지만 보이는 것이 마치
전부인양 생각하는 무지, 생각한 대로 이루면 모두
계획대로 되리라는 착각에서 우리는 살고 있다.
하나님을 알기 전까지 단 한 번도 보이는 것이 아닌
원래 되어져야 할 모습이 무엇인지 생각해 본 적이 없다.
그런데 어떻게 내 생각이 올바르다고 장담할 수
있겠는가? 다만 나의 본성에 따른 탐욕일 뿐이다. 나의
탐욕이 이루어지면 다른 사람은 피해자가 되는 것이다.
이것이 하나님을 떠난 세상의 원리이다. 그리고 우리는
그것을 알지 못한다.

위의 두 가지 경우 모두를 이 시의 저자인
솔로몬은 너무나 잘 알고 있다. 그의 다른 시인
'전도서'에서 그는 자신이 행했던 수많은 일에 대하여
"헛되다"라고 했다. "전도자가 이르되 헛되고 헛되며
헛되고 헛되니 모든 것이 헛되도다"(전 1:2). 그것은
하나님의 섭리와 상관없이 행했던 세상의 모든 일이
결국은 생각과 전혀 다른 결과를 가져왔다는 의미이다.
전도자는 사람들의 해 아래서의 수고가

모두 헛되다고 말하고 있다(전 1:3 참고). 모든 것을 경험한 사람이, 모든 부귀영화를 누려 본 이가 하는 고백이기에 그 말을 인정할 수밖에 없다. 그의 고백은 우리의 노력을 통하여 얻기 원하는 기대를 좌절시키는 것이 아니라, 오히려 삶의 올바른 방향에 관심을 갖게 한다. 해 아래 수고가 왜 헛되고 헛된 것인가를 생각하고 알아 가는 데로 시선을 돌리게 한다. 어떻게 하는 것이 참 의미를 갖는 길이며, 해 아래서 수고한 일이 올바른 결과를 가져오는지를 생각하게 한다. 올바른 동기와 목적 그리고 결과가 무엇인지를 역설적으로 제시하고 있다. 세상 사람들이 원하는 많은 재산, 높은 지위, 사람들에 대한 영향력을 다 갖는다고 성공한 인생이라고 할 수 없기 때문이다. 이러한 경우를 수없이 많이 보았다. 외형적으로는 도저히 불행할 수 없는 모습인데 참 불행한 인생을 살았다고 고백하는 사람을 보면 순간적으로 화가 나기도 하고 어안이 벙벙해진다. 도대체 무엇이 그의 삶에 있었기에 남들이 부러워하는 인생을 살고도 행복하지 않았다고 아니 불행했다고 말하는 걸까? 혹시 내가 생각했던 그 이상의 삶을 원하고 기대했던 걸까? 우리의 지식으로는 이해할 수 없다.

"그러므로 여호와께서 그의 사랑하시는

자에게는 잠을 주시는도다." 우리는 가끔 깨어 있어야
했는데 그러지 못하고 졸았거나 잠을 잤다면 곤란한
상황을 모면하기 위해 위의 본문을 인용한다. 이는
절반은 조크(joke)이고 나머지 절반은 변명이다. 엄마
품에서 잠든 어린아이를 보면 세상 편안해 보인다. 왜
그런가? 가장 신뢰하는 엄마 품이기에 불안 없이 잘
수 있는 것이다. 하나님께서 사랑하는 자에게 잠을
주신다는 것은 어떤 의미일까? 생리학적으로 누구는
잠을 잘 자고, 누구는 잠 못 이루는 불면증에 시달리고의
의미가 아니다. 하나님께서 그가 사랑하시는 자에게
잠을 축복으로 선물로 주시는 것이다. 누가 그러한
복을 얻을 수 있겠는가? 하나님께서 사랑하시는 자
즉 그의 계명을 따라 순종하는 자이다. "나의 계명을
지키는 자라야 나를 사랑하는 자니 나를 사랑하는 자는
내 아버지께 사랑을 받을 것이요. 나도 그를 사랑하여
그에게 나를 나타내리라"(요 14:21).

올바른 동기와 목적을 가지고 하나님의
말씀을 따라 순종하는 삶을 살아가는 자에게 주시는
하나님의 긍휼함이 있다. 잠을 자든 눈을 뜨고 깨어
있든 그 일을 실행하시는 이는 내가 아닌 하나님이심을
말하고 있다. 따라서 잠을 편안하게 잘 수 있는 분명한
이유는 내가 하나님을 온전하게 신뢰하고 있기

때문이다. 마치 어린아이가 엄마를 완전히 의지하면서
그 품에서 곤하게 자는 것과 같다. 나를 대신하며
그분께서 이루어 가시고, 이루어 주실 것을 믿기
때문이다.

형제가 연합함이 어찌 그리 아름다운고

[1] 보라 형제가 연합하여 동거함이 어찌 그리 선하고 아름다운고 [2] 머리에

있는 보배로운 기름이 수염 곧 아론의 수염에 흘러서 그의 옷깃까지 내림

—

같고 ³헐몬의 이슬이 시온의 산들에 내림 같도다 거기서 여호와께서 복을

명령하셨나니 곧 영생이로다

—

학년은 기억나지 않지만 초등학교를 다닐 때 교과서에
우애가 좋은 형제 이야기가 있었다. 아버지의 유산을
두 형제가 나누었는데 형은 동생이 새로운 살림을
시작했기 때문에 필요가 더 많을 것이라고 생각했고,
동생은 형이 자기보다 살림 규모가 더 크기 때문에
필요가 더 많을 것이라고 생각했다. 그래서 두 형제가
밤에 자신의 곡식단을 상대의 곡식단으로 옮기다가
중간에 만났다. 그렇게 형제의 우애를 확인하게
되었다는 훈훈한 이야기였다. 대가족 제도에서 핵가족
제도로 변화되어 가는 당시의 상황에서 가족의 소중한
정을 깨우쳐 주기도 했다. 무작정 지어낸 이야기가
아니라 집단적인 삶을 사는 농경사회에서 충분히 있을
수 있는 내용이다.

성경에는 형제 우애를 강조하는 본문이 많다.
당시에 팔레스틴에서는 아버지의 재산을 유산으로 함께

물려받았기 때문에 함께 경작하며 대가족이 씨족 사회를
이루며 살았다. 농경 목축 사회에서 필요한 일손을
구한다는 측면에서 많은 가족이 함께 살면 장점이
많았을 것이다. 그때에는 무엇이든지 손이나 노동력으로
해결을 해야 했었다. 뿐만 아니라 씨족이나 부족 간에
다툼도 잦았기 때문에 서로의 안전과 재산을 지키기
위해서도 함께 살면서 물리적인 힘을 키우는 것이
공생하는 좋은 방법이었다.

　　　　그러나 불행하게도 성경에서는 좋은 형제의
우애보다는 경쟁하는 형제의 모습을 더 많이 보게
된다. 성경이라면 초등 교과서보다 훨씬 더 강한 형제
우애의 모습이 제시되어야 마땅할 것 같은데 현실은
그렇지 못했다. 인간이 사는 세상은 생각보다 더
치열하고 탐욕적이고 비이성적이다. 세상이 그렇게
녹록하지 않음을 보여 준 것이 창세기 4장의 가인과
아벨 사건이다. 상식적으로 하나님께서 형제 중 한 명의
제사만을 받으셨다면 다음에는 더 나은 제사를 드릴
수 있도록 서로 격려하고 준비하면 될 것 같은데,
사람의 마음이 그렇지 않았다. 가인은 자신의 제사가
거절되고 동생인 아벨의 제사가 받아들여졌다는 사실에
분노했다. 그리고 그 분노를 동생에게 보복함으로
풀었다. 가인은 계획을 세워서 벌판으로 동생 아벨을

유인하여 죽였다. 사실 아벨은 가인의 분노에 어떤 원인 제공도 하지 않았지만 죽임을 당했다. 믿을 수 없는 사실이지만 이것이 인간의 관계이다. 극단적인 경우지만 에서와 야곱의 경우도 그랬고, 요셉과 그의 형들도 비슷했다. 예수님께서도 "제단에 예물을 드리다가 형제와 불화한 것이 생각나거든 예물을 제단에 놓고 가서 화목하고 다시 와서 제사를 드리라"고 했다(마 5:23-24 참고). 이 상황은 형제들뿐만 아니라 공동체 안에서 관계에 대한 매우 중요한 교훈이다.

1   **보라 형제가 연합하여 동거함이 어찌 그리 선하고 아름다운고**

성경에 위의 본문이 있다는 것은 세상의 인간관계가 그렇지 못함을 나타낸다는 생각이 든다. 여기서 연합하다의 의미는 무엇인가? 실제로 원문에는 "연합하여"라는 말이 없으나 후에 그 내용을 삽입하였는데, 원문의 의미를 더 잘 살리고 본래의 의미는 훼손하지 않았기 때문이라고 한다. 동거함의 가장 중요한 전제가 연합이다. 연합은 하나 됨을 말하는데, 하나 됨은 서로의 의견이 일치함을 의미한다.

아무리 같은 엄마의 배에서 나온 형제라도 언제나 의견이 일치하지는 않는다. 얼굴 모양이나 생활 습관 그리고 생각까지 그렇다. 특별히 생각은 정체성이나 삶의 가치관을 나타내는 경우가 많기 때문에 아무리 형제라도 서로 잘 맞는 경우가 그리 많지 않다. 그렇다면 잘 맞지 않는 사람들끼리 어떻게 연합하여 살 수 있겠는가? 이해하고 사랑하고 양보하는 것이다.

결혼하기 전 약 6년간 믿음의 형제들과 공동체 생활을 한 적이 있다. 적게는 5명 많게는 9명과 함께 살았다. 방이 2~3개, 많은 인원이 있을 때는 3~4개씩 있어서 당시 80년대의 상황에서는 상당히 좋은 환경이었고, 신앙생활의 일환으로 살았기 때문에 훈련의 요소가 많았다. 먼저는 귀가 시간이 정해져 있고, 매일 저녁 기도회가 있었다. 기도회 시간에는 그날 있었던 일들을 나누고, 필요하면 중보기도를 해주기도 했다. 청소와 빨래는 물론 매주 최소 하루는 식사 당번을 해야 했다. 일찍 집에 와서 시장이나 슈퍼에서 음식 재료들을 사와 그날 저녁과 다음 날 아침 식사를 책임져야 했다. 생활비가 제한적이기 때문에 적은 비용으로 어떻게 하면 맛있게 반찬을 만들 수 있을까 고민했다. 밖에서 보기에 너무 환상적인 생활 같다는 생각이 들었던지 주변의 형제들이 이 공동체에

들어오고 싶어 했다. 물론 좋은 환경에 신앙 훈련을
하기에 이상적이었지만 여러 명이 같이 사는 일은 결코
쉽지 않았다.

식사 당번은 누구에게나 큰 스트레스였다.
한 형제의 식사 당번 날에 우리는 언제나 삼겹살이나
닭고기나 오리고기를 먹었다. 바쁘다는 이유로 집 앞에
있는 정육점에서 고기류를 사서 구운 것이다. 다들
맛있게 먹었지만 문제는 비용이었다. 다른 사람들은
비용을 절약하려고 가까운 곳에 있는 상점을 두고 먼
곳에 있는 재래시장에 가서 식재료를 구입하고 시간을
들여서 반찬을 만들었다. 그러나 그 형제는 집 앞에 있는
슈퍼에서 고기를 사서 모두가 모일 시간쯤 되면 불판을
내어 고기를 굽는 것이다. 이러한 그의 식사 당번은 꽤
오랫동안 지속되었다. 사실 그 형제의 행동이 공동체
생활 정신에 맞지 않았지만, 누구도 그 형제의 행동에
대하여 문제 삼지 않았다. 오히려 그래서 우리가 영양
보충을 하지 않았느냐라고 도리어 감쌌다. 작은 예이긴
하지만 "형제가 연합하여 동거한다는 것"은
이런 것이다. 만약 사소한 일에도 생각과 의견을
개진하며 사사건건 충돌한다면 같이 연합하여 동거할
수 없다. 이런 훈련들이 지금도 부족한 나의 성품을
그나마 많이 다듬어 준 기회가 되었다는 생각이 든다.

시간이 꽤 많이 지난 지금 함께 공동체 생활을 했던 형제들은 각기 가정을 꾸리고 살지만 지금도 친형제 이상으로 친밀하게 지내고 서로에게 큰 버팀목이 되고 있다.

2 　　　머리에 있는 보배로운 기름이 수염 곧 아론의 수염에
　　　흘러서 그의 옷깃까지 내림 같고
3 　　　헐몬의 이슬이 시온의 산들에 내림 같도다 거기서
　　　여호와께서 복을 명령하셨나니 곧 영생이로다

하나님 나라를 상징하는 매우 중요한 의미가 축복이다. 일반적으로 축복은 무엇인가를 받는다는 사고에서 벗어나기가 쉽지 않다. 그러나 구약에서 축복의 상징은 기름 부음(anointing)이다. 이는 하나님의 은혜와 능력이 함께하신다는 증표이다. 축복은 외적으로 보이는 것보다 축복의 근원인 하나님의 임재가 더 중요하다. 사람들은 하나님의 임재를 통한 축복의 영광스러움보다 보이는 축복을 원한다. 높은 사회적인 지위, 기대 이상의 수입, 주변 사람들에게 미치는 영향력, 혹은 좋은 평가이다. 그리고 건강과 자녀들이 잘되는 것까지 추가하면 금상첨화이다. 그들의 삶의 내용이자 목표이기 때문이다. 그러나 기름

부음을 통한 하나님의 임재는 세상 사람들이 추구하는 것과는 종종 다르게 나타난다. 그것은 하나님의 제사장인 아론에게뿐만 아니라 하나님 나라의 모든 백성 누구에게나 주어지는 축복이다. 본문에서는 그 기름 부으심이 단순히 머리만 적시는 것이 아니라, 얼굴과 수염 그리고 옷깃까지 흘러내릴 정도로 흠뻑 부어진다고 기록하고 있다. 우리의 삶이 하나님의 축복에 완전하게 잠기는 상태를 나타낸다.

또 다른 축복의 표현으로 헐몬 산의 이슬을 언급하고 있다. 이스라엘은 광야 지역이 대부분이기에 물이 너무 중요하다. 이스라엘 북쪽에 위치한 헐몬 산은 비가 가장 많이 오는 곳이다. 헐몬 산의 아침이슬이 촉촉하게 대지를 적시면 그 물기에 의해서 새싹이 파릇파릇 나오고 상큼하고 신선한 새싹을 어린 양들이 먹고 자란다. 또한 그 이슬이 냇가를 만들어 메마른 대지를 적시고 필요한 곳에 물을 공급해 준다. 메마르고 황량한 광야의 밑에서부터 솟아오르는 시내는 온 대지의 근원을 적시는 수액과 같다.

우리 입장에서 보면 그리 대수롭지 않을 내용 같지만, 이스라엘의 전통적인 환경을 생각하면 그들에게 아론의 수염을 타고 내리는 풍족한 기름 부음과 헐몬 산의 이슬을 통해 촉촉이 적셔지는 대지는 추수 날에

목마름을 적시는 시원한 얼음냉수와 같다. 단순한
갈증의 해소가 아니라 온몸이 적셔지는 시원함이다.
마치 하나님의 영적 생명이 각 사람 속에서 생명의
꽃을 피우는 것과 같다. 헐몬 산에서 흘러내리는 물은
마치 온 이스라엘의 메마른 광야를 적시고, 그로부터
가축들의 고픈 배를 채워 주는 꼴을 자라게 하며, 일하는
농부의 갈증을 해소시켜 주는 근원과 같은 것이다.
이는 이스라엘에게 주어지는 하나님의 풍성한 축복과
은혜임이 분명하다.

3   **거기서 여호와께서 복을 명령하셨나니**
         곧 영생이로다

         성경에서의 축복은 언제나 신분과 연관이
있다. 하나님의 복은 하나님께 속한 자들의 몫이다.
이것은 하나님 나라의 법칙이다. 그 축복인 영생은
영원히 산다는 문자적 의미뿐 아니라 신분을 나타내고
있다. 하나님의 속성인 영원성이 우리에게 부여된 것을
의미한다. 따라서 영생은 곧 하나님의 자녀 됨이다.
하나님의 자녀 됨이 바로 동거와 연합의 상징이다.
다윗은 예루살렘 성전을 향해서 가는 찬송을 통해
그곳에서 이루어질 하나님 나라의 축복에 대한 간절한

열망을 보여 준다. 생각해 보면 다윗은 누구인가? 그는
이스라엘의 모든 복과 부를 다 가졌던 왕이 아니던가?
부족한 것이 없는 절대군주로서 그가 기대하는 축복은
도대체 무엇인가? 그에게 축복은 지금 누리고 있는
풍성함 외에 더 무엇인가? 그리고 그에게 얼마나 더
많은 것들이 주어져야 축복인가? 그럼에도 불구하고
다윗은 하나님의 성전에서 이루어지는 축복에 대한
강렬한 기대와 소망을 표현한다. 그것은 이 세상의
무엇보다 아름답고 은혜롭고 더 큰 축복이라고 말한다.
이는 다윗이 진정으로 이 땅에서 무엇을 기대하고
살았는가를 단적으로 보여 주고 있다. 다윗은 하나님
나라의 축복의 가치를 누구보다 더 정확하게 알고
있었음이 분명하다.

우리는 과연 하나님 나라의 축복에 대해
무엇을 알고 있는가? 세상에서 누릴 수 있는 것이
우리가 받을 축복의 전부라고 생각하고 있지는 않은가?
만약 그렇다면 이 땅에서 조금 결핍된 것을 보충하는
것을 하나님의 축복이라고 착각하고 있음이 분명하다.
만약 우리 생각이 그것에 머물러 있다면 분명 하나님의
축복에 대해 명백하게 오해하고 있다.

절대군주인 다윗이 사모한 예루살렘의 축복!
형제와 연합하여 동거함으로 하나님께서 허락하시는

축복을 누리는 공동체가 우리가 기대하는 축복의
본질이리라.

> 하나님! 우리의 생각이 세상의 원리에 너무 깊이
> 함몰되어서 세상의 썩어질 것들과 영원한 하나님의
> 축복을 분별하지 못합니다. 우리의 어리석음을
> 용서하여 주옵소서. 다윗이 사모했던 그 축복의
> 의미를 우리도 깨닫게 하옵소서. 아멘

죄와 슬픈 노래

^{1}우리가 바벨론의 여러 강변 거기에 앉아서 시온을 기억하며 울었도다

^{2}그 중의 버드나무에 우리가 우리의 수금을 걸었나니 ^{3}이는 우리를 사

로잡은 자가 거기서 우리에게 노래를 청하며 우리를 황폐하게 한 자가 기

쁨을 청하고 자기들을 위하여 시온의 노래 중 하나를 노래하라 함이로다

^{4}우리가 이방 땅에서 어찌 여호와의 노래를 부를까 ^{5}예루살렘아 내가 너

를 잊을진대 내 오른손이 그의 재주를 잊을지로다 ^{6}내가 예루살렘을 기억

—

137편

하지 아니하거나 내가 가장 즐거워하는 것보다 더 즐거워하지 아니할진대

내 혀가 내 입천장에 붙을지로다 ⁷여호와여 예루살렘이 멸망하던 날을 기

억하시고 에돔 자손을 치소서 그들의 말이 헐어 버리라 헐어 버리라 그 기

초까지 헐어 버리라 하였나이다 ⁸멸망할 딸 바벨론아 네가 우리에게 행한

대로 네게 갚는 자가 복이 있으리로다 ⁹네 어린 것들을 바위에 메어치는

자는 복이 있으리로다

어느 민족이나 부침의 역사가 있다. 우리나라도 1910년
"한일 강제합병"을 통해 36년간이나 일본에게 강제
통치를 당했다. 그 수치의 역사가 7-80년이 지난
지금까지 남아 있다. 이스라엘은 우리나라보다 더
수치스러운 역사를 겪었다. 역사상 가장 화려하고
찬란한 왕이었던 솔로몬이 죽고 난 후 이스라엘은 남과
북으로 나뉘었다. 화려했던 솔로몬 왕권의 이면에 있었던
백성들의 과도한 세금 부담과 부역 때문이었다. 그리고
북왕조인 북이스라엘은 B.C. 722년에 앗시리아에 의해
멸망했다. 그냥 멸망한 것이 아니다. 앗시리아는 2년 이상
사마리아 성을 둘러싸고 공성전을 했다. 전쟁에서 가장
잔혹한 패배가 공성전을 통한 항복이다.

        우리나라에도 그러한 역사적 경험이 있다.
1636년 병자호란 때 인조가 피난길에 남한산성에 갇혔다.
인조는 그곳에서 47일 동안 있었는데, 청은 남한산성을

둘러싼 그야말로 공성전을 했다. 전쟁에 준비가 전혀
되지 않았던 남한산성에 사는 백성들은 전쟁을 감당하랴
임금을 비롯한 대신들의 수발을 들랴 말할 수 없는
고생을 했다. 급기야 임금도 먹을 양식이 부족한 지경에
이르러 결국은 "삼궤구고두례"(三跪九叩頭禮)라는 치욕적인
방법으로 1637년 1월 30일 송파 삼전 나루(삼전도)에서
항복했다. 이때 인조가 했던 항복 의식인 삼배구고두례
(三拜九叩頭禮)는 세 번 무릎 꿇고 아홉 번 머리를 조아리는
예법이라는 뜻인데, 무릎을 한 번 꿇을 때마다 세 번
머리를 조아려서 총 아홉 번 머리를 조아리는 것이다.
이 과정에서 인조는 자신의 이마를 땅에 얼마나 세게
박았는지 이마에 피가 흥건했다고 한다. 이뿐 아니었다.
청은 전쟁에서 이긴 승전 포로로 50만의 부녀자를 인질로
데리고 갔다. 그 부녀자들은 여자로서 견딜 수 없는 온갖
수모를 겪은 후 조선에 다시 돌아왔지만 고향에서조차
그들은 냉대를 받았다.

　　　　　이와 같은 역사는 B.C. 722년 북이스라엘에서도
동일하게 일어났다. 앗시리아는 수많은 포로를 인질로
데리고 갔고, 사마리아를 중심으로 한 북이스라엘에
다른 나라 사람들을 데리고 와서 살게 했다. 그야말로
민족 혼합정책이었다. 이러한 과정을 통해 1-2세대가
지나고 나면 그 후손들은 민족정 정체성을 상실해

버린다. 그러면 민족의 정체성을 되찾기 위한 독립전쟁의
위험은 사라지는 것이다. 이러한 일은 남유다가 바벨론에
멸망했을 때도 똑같이 일어났다. 수많은 사람들이
바벨론에 유배를 당했다. 그리고 말할 수 없는 수모를
겪었다. 물론 어느 시대든지 전쟁의 포로들은 전쟁의
협정과 상관없이 온갖 어려운 일을 겪는다는 것은 주지의
사실이다. 시편 137년은 그러한 내용을 기록하고 있다.
에스겔은 유다 백성들이 바벨론으로 유배 와서 거주했던
장소를 갈대아 땅 그발 강가(Kebel River)라고 했다. 그발
강가는 티그리스와 유프라데스 강을 연결하는 지점
어디에 위치한 지류쯤으로 추측된다.

1   우리가 바벨론의 여러 강변 거기에 앉아서 시온을
        기억하며 울었도다
2   그 중의 버드나무에 우리가 우리의 수금을 걸었나니
3   이는 우리를 사로잡은 자가 거기서 우리에게 노래를
        청하며 우리를 황폐하게 한 자가 기쁨을 청하고
        자기들을 위하여 시온의 노래 중 하나를 노래하라
        함이로다

        그곳에서 그들은 탄식하며 울었다. 먼저는
믿었던 여호와 하나님이 전쟁에서 패했다는 것

240

때문이었다. 그들은 하나님을 믿었다. 야훼 하나님은 결코 전쟁에서 지는 신이 아님을 확신했었다. 그러나 그들의 믿음은 배신으로 돌아왔고 절망으로 다가왔다. 처참한 전쟁의 패배와 지옥과 같은 전쟁의 잔상들이 그들을 괴롭혔다. 고향을 떠나서 갈대아까지 끌려오는 동안 겪은 많은 일들은 전쟁에서 패배한 여호와 하나님에 대한 배신감과 실망감에 비하면 아무것도 아니었다. 전쟁에 능하신 하나님이 단 한 번 바벨론에게 패했다는 판단에 그동안 쌓아 왔던 하나님에 대한 모든 신뢰를 잃고 말았다. 그들에게 하나님은 더 이상 민족과 나라를 지켜 주는 수호신이 아니었다.

하지만 유다 백성에게 그것은 서막에 불과했다. 그발 강가의 포로 촌에서 그들이 바벨론 사람들에게 겪은 일들은 더 큰 고통과 수치를 가져다주었다. 포로 된 입장에서 그 슬픔을 감내하기도 어려운데 어떻게 수금을 타면서, 그것도 더 이상 신뢰하지 않는 하나님께 즐거운 찬양을 드릴 수 있겠는가. 그러나 그것은 바람일 뿐이었다. 정복자가 부르라고 하면 불러야 하는 것이 전쟁 포로의 운명이었다. 그들의 노래는 즐거움과 기쁨 대신 한숨과 신음과 절망의 메아리였다. 그 처절한 절규를 들으면서 손뼉 치며 웃는 갈대아 사람들은 정말 원수의 모습이었고, 사탄의 형태이며 역겨움의 대상이었다.

그들은 더 이상 예루살렘을 기억하고 싶지
않았다. 요새와 같았던 예루살렘, 수많은 전쟁에서 단 한
번도 함락을 허락한 바 없었던 예루살렘. 그 예루살렘이
초토화되었다. 수많은 사람들이 부러워했던 다윗 왕과
솔로몬 왕의 영광은 예루살렘 성과 솔로몬 성전과 함께
무너졌다. 성전 창고에 있던 수많은 금과 보물들도 다
약탈당했다. 이러한 유다의 몰락은 이미 예견된 일이었다.
개혁의 군주였던 요시아 왕은 성전을 보수했고, 그
과정에서 율법책을 발견하고 그 말씀을 유다 백성들이
선포하며 그들이 하나님께 돌아오기를 기대했다. 그러나
뜻밖에 바벨론에게 패한 앗시리아를 도와주려고 전쟁을
하러 가는 애굽의 바로 느고의 길을 막고, 므깃도에서
애굽과 전쟁을 하다가 날아온 화살에 맞아 죽었다.

개혁 군주 요시아의 애꿎은 죽음은 유다를
멸망의 나락으로 떨어뜨렸다. 국가가 한창 개혁의 물결을
일으키며 정상을 되찾아가던 시기였다. 므낫세에 의해
망가졌던 종교가 다시 세워져 가는 과정이었다. 이러한
상황에서 요시아의 죽음은 유다의 개혁을 멈추게 했다.
물론 성경은 유다의 멸망을 요시아의 죽음이 아니라
요시아의 조부인 므낫세의 55년의 치세가 만들어 낸
결과라고 기록하고 있다. "그러나 여호와께서 유다를

향하여 내리신 그 크게 타오르는 진노를 돌이키지
아니하셨으니 이는 므낫세가 여호와를 격노하게 한
그 모든 격노 때문이라"(왕하 23:26). 이스라엘 남북조를
통틀어 가장 악독했고 하나님을 거역했던 왕 므낫세로
인하여 하나님께서 유다를 멸망시키기로 작정하셨다.
유다의 위대한 왕 중 하나인 히스기야의 아들인 므낫세가
어떻게 이스라엘에서 가장 악한 왕이 되었는가? 알 수
없는 일이다. 히스기야는 죽을병에서 기도로 수명을 15년
연장받았다. 그 후에 므낫세가 태어났다. 히스기야에게
므낫세는 세상 무엇보다 귀한 자식이었으리라. 또한
히스기야는 완쾌를 축하하러 온 바벨론의 사신에게
가진 모든 것을 보여 주는 우를 범해서 하나님의 노를
촉발시켰다.

　　　　이스라엘 왕의 일반적인 통치와 영성의
패턴은 젊어서는 매우 강하고 강단 있는 모습을 보인다.
하나님과의 관계도 그렇다. 젊어서 혹은 왕권의 초기에
매우 개혁적인 모습을 보인다. 하지만 나이가 들면서
하나님을 떠나거나 지극히 평범한 왕의 모습이 되는
것이다. 이 패턴을 벗어난 왕은 북이스라엘과 남유다
왕 중에서 예외가 없었다. 심지어는 왕 중의 왕인
다윗조차도 말년에 하지 말아야 할 인구조사를 통해서
하나님의 재앙을 자초했다. 다윗의 신하 모두가 만류했던

인구조사였다. 심지어 요압조차도 하나님께서 원하시는 바가 아님을 직설했다. 그러나 다윗은 듣지 않았고, 인구조사를 강행하여 하나님께서 단에서 브엘세바까지 이스라엘 백성 7만 명을 죽이셨다(삼하 24:15).

요시아의 죽음은 마치 북이스라엘의 아합 왕의 죽음을 연상시킨다. 아합 왕이 길르앗 라몬에서 아람과 전쟁할 때 날아온 화살에 의해서 객사했다. 이와 비슷하게 요시아도 므깃도에서 날아온 화살에 맞아 객사했다. 어쩌면 이 죽음은 요시아에 대한 하나님의 배려가 아닌가 생각이 들기도 했다. 당시 유다는 므낫세에 의해서 이미 돌이킬 수 없는 길로 들어선 마당이었고, 하나님께서 유다를 멸망시키기로 작정하신 후였기 때문이다. 연약한 인간의 지식과 지혜로는 도저히 알 수 없는 하나님의 섭리이다.

유다의 멸망도 그랬다. 앞에서 언급했듯이 유다 백성들은 결코 망하지 않을 것이라고 생각했다. 하박국 선지자도 그랬다. 바벨론(갈대아 사람)이 유다를 침략해서 강탈하는 것을 이해하지 못했다. 그리고 하나님께 그 이유를 따져 물었다. 그 이유를 듣기 전에는 이 성루에서 떠나지 않겠다고 말한다(합 2장). 그도 당시 상황을 통한 하나님의 섭리를 이해하지 못했기 때문이었다. 하나님께서 유다의 죄악을 징계하시기 위해

당시 강대국인 앗시리아와 바벨론을 사용하셨다. 이러한
역사는 처음 있는 일이 아니었다. 이스라엘의 역사에서
가장 암울했던 사사기는 그 패턴이 수없이 반복되었다.
그때 사용된 나라는 미디안과 블레셋이었다. 그러나
당시에 이스라엘이 망하지는 않았다. 그러나 이번은
달랐다. 일반적인 개혁으로는 유다가 변화되지 않을
것을 하나님께서는 아셨다. 그리고 예루살렘이 아닌
바벨론에서 다시 시작하기를 계획하셨다. 하박국은
하나님의 뜻을 이해하고 나서 그것이 빨리 이루어지기를
기도했다. 그러나 이처럼 하나님의 계획을 이해한다는
것은 거의 불가능한 일이다. 유다 백성들이 바벨론으로
포로 되어 간다는 것만으로도 유다 백성들에게는
수치스러운 일이었다. 그런데 그 이방 땅에서 하나님께서
백성들의 회복을 위한 무엇인가를 계획하고 계신다는
사실은 이해할 수 없을 뿐 아니라 상상할 수도 없는
일이었다.

　　　　우리가 하나님의 계획을 안다는 것은
불가능하다. 하지만 하나님께서는 자신의 계획을
아브라함에게 알게 하신다고 했다. 그러니 우리가
하나님께서 계획하시는 것을 알 수는 없지만, 하나님께서
알려 주시는 대상이 될 수는 있다. 모세 또한 그랬다.
이사야, 예레미야, 그리고 세례요한도 그랬다. 하지만

백성들은 하나님의 뜻이나 계획에는 관심이 없었다.
역사는 언제나 하나님의 섭리 안에 있다. 전쟁에서 진
유다 백성이 그랄 강가에서 부른 슬픈 노래도 유다를
향한 하나님의 섭리었다. 결국 유다는 바벨론에서 말씀
(토라)을 통한 부흥을 경험했고, 에스라와 느헤미야와
같은 걸출한 지도자를 양성했다. 그들은 바벨론
세대였지만 예루살렘으로 돌아와서 유다를 개혁하고
부흥시키는 새로운 지도자가 되었다.

> 바빌론의 강가에서 우린 앉아 있었죠
>
> 우리들은 시온을 생각하며 눈물을 흘렸답니다
>
> 바빌론의 강가에서 우린 앉아 있었죠
>
> 우리들은 시온을 생각하며 눈물을 흘렸답니다
>
>
> 침략자들이 우리를 끌고 와서 노래를 하래요
>
> 하지만 우리가 어떻게 이방의 땅에서 주님의 노래를
>
> 부를 수 있겠어요
>
> 우리를 포로로 잡아간 침략자들이 노래를 하랍니다.
>
> 하지만 우리가 어떻게 주님의 노래를 이방인의 땅에서
>
> 부를 수 있겠냐구요
>
>
> 우리가 하는 말과 마음의 소원하는 것들을 오늘밤도

들어주옵소서

우리가 하는 말과 마음에 소원하는 것들을 오늘밤도

들어주옵소서

바빌론 강가에 앉아서 우리는 울었어,

시온°을 기억하면서

시온(zion): 영어로는 자이온, 원 발음은 시온에 가깝다.
언덕이라는 뜻이지만 유대인 국가를 말한다.
여기서는 '고향'이라고 의역해도 될 것이다.

작은 자의 고백

¹왕이신 나의 하나님이여 내가 주를 높이고 영원히 주의 이름을 송축하리이다 ²내가 날마다 주를 송축하며 영원히 주의 이름을 송축하리이다 ³여호와는 위대하시니 크게 찬양할 것이라 그의 위대하심을 측량하지 못하리로다 ⁴대대로 주께서 행하시는 일을 크게 찬양하며 주의 능한 일을 선포하리로다 ⁵주의 존귀하고 영광스러운 위엄과 주의 기이한 일들을 나는 작은 소리로 읊조리리이다 ⁶사람들은 주의 두려운 일의 권능을 말할 것이요 나도 주의 위대하심을 선포하리이다 ⁷그들이 주의 크신 은혜를 기념하여 말하며 주의 의를 노래하리이다 ⁸여호와는 은혜로우시며 긍휼이 많으시며 노하기를 더디 하시며 인자하심이 크시도다 ⁹여호와께서는 모든 것을 선대하시며 그 지으신 모든 것에 긍휼을 베푸시는도다 ¹⁰여호와여 주께서 지으신 모든 것들이 주께 감사하며 주의 성도들이 주를 송축하리이다 ¹¹그들이 주의 나라의 영광을

—

말하며 주의 업적을 일러서 ¹²주의 업적과 주의 나라의 위엄 있는 영광을 인생들에게 알게 하리이다 ¹³주의 나라는 영원한 나라이니 주의 통치는 대대에 이르리이다 ¹⁴여호와께서는 모든 넘어지는 자들을 붙드시며 비굴한 자들을 일으키시는도다 ¹⁵모든 사람의 눈이 주를 앙망하오니 주는 때를 따라 그들에게 먹을 것을 주시며 ¹⁶손을 펴사 모든 생물의 소원을 만족하게 하시나이다 ¹⁷여호와께서는 그 모든 행위에 의로우시며 그 모든 일에 은혜로우시도다 ¹⁸여호와께서는 자기에게 간구하는 모든 자 곧 진실하게 간구하는 모든 자에게 가까이 하시는도다 ¹⁹그는 자기를 경외하는 자들의 소원을 이루시며 또 그들의 부르짖음을 들으사 구원하시리로다 ²⁰여호와께서 자기를 사랑하는 자들은 다 보호하시고 악인들은 다 멸하시리로다 ²¹내 입이 여호와의 영예를 말하며 모든 육체가 그의 거룩하신 이름을 영원히 송축할지로다

—

당시 가나안의 맹주이자 한 국가의 절대권력을 가지고
있던 위대한 왕 다윗. 칭송받는 한 국가의 왕이 하나님을
왕으로 호칭하는 것은 어떤 의미일까? "하나님, 하나님
앞에서 저는 왕이 아닙니다"라는 고백이 아닐까? 하나님!
당신 앞에서 저는 영원히 양 치는 목동입니다. 저는
당신의 종입니다. 아마 다윗이 이 찬양을 읊조렸다면
그런 심정으로 드린 고백이 아닐까. 이것이 다윗의 진정한
고백일 것이다.

4	대대로 주께서 행하시는 일을 크게 찬양하며 주의 능한 일을 선포하리로다
5	주의 존귀하고 영광스러운 위엄과 주의 기이한 일들을 나는 작은 소리로 읊조리리이다
6	사람들은 주의 두려운 일의 권능을 말할 것이요 나도 주의 위대하심을 선포하리이다

다윗은 지속적으로 하나님을 찬양하고 있다. 특히 "나는 작은 소리로 읊조리리이다"라고 고백하고 있다. 낮은 소리로 기쁨으로 하나님의 말씀을 혹은 찬양을 흥얼거리는 때는 언제인가? 흥얼거리는 내용에 대한 동의와 그로 인해 내면에 풍성함이 가득 차 있을 때이다. 이는 다윗이 찬양의 형식을 따르는 것이 아니라 내면에 채워지는 충만함을 나타내는 방식이다. 그 찬양을 통해 내면에 스며드는 영의 충만함을 만끽할 수 있다. 하나님께서 자신을 왕으로 만들어 주셔서 드리는 찬양이 아니다. 무엇과 상관없이 하나님의 어떠하심에 대한 진정한 고백이다.

이스라엘 백성들이 읊조리는 것은 아마 우리가 그 내용을 묵상하면서 외우려고 하는 행위와 비슷할 것이다. 말씀 묵상(meditation)은 내용의 깊은 의미를 반복해서 생각하며 참 의미를 깨달아 가는 과정을 말한다. 이를 통해 하나님께서 말씀하시는 진정한 의미를 깨닫고 실행할 수 있다. 다윗이 그랬다. 왕의 바쁜 일상에서 하나님의 말씀에 대한 사모함으로 그 말씀을 묵상하고 있었다. 단회적인 일이 아니라 다윗의 오랜 습관이었다. 다음 절에서 그의 진정성을 확인할 수 있다.

8   **여호와는 은혜로우시며 긍휼이 많으시며 노하기를**

251

더디 하시며 인자하심이 크시도다

9   여호와께서는 모든 것을 선대하시며 그 지으신 모든
     것에 긍휼을 베푸시는도다

10   여호와여 주께서 지으신 모든 것들이 주께 감사하며
     주의 성도들이 주를 송축하리이다

위의 내용은 단순한 하나님의 속성을 언급하고
나열하고 있는 것 같지 않다. 다윗은 삶에서 보여 주신
하나님의 성품과 은혜를 노래하고 싶었다. 은혜와 긍휼,
오래 참으심과 인자하심, 그리고 선대하심을 생각하며
이 고백을 하고 있다. 왕으로서 하나님께 입은 은혜를
고백하고 있다. 높은 직위에 오른 사람들 중에 "내가
다른 사람의 힘으로 이 자리에 왔으며, 지금도 나는
이러한 도움이 필요한 사람이다"라고 생각하는 사람은
거의 없다. 물론 처음에는 그런 마음이 들기도 했겠지만,
어느 시점부터는 모든 것이 자신의 노력과 능력이라고
생각하고 그렇게 말한다. 그들은 유약하고 무능한 모습을
결코 보이고 싶어 하지 않는다. 그 자리를 지킬 수 있는
충분한 능력과 자격이 있다고 생각한다. 따라서 성취가
다른 사람의 도움이나 의존 때문이라는 말은 자신의
위치를 무너뜨리는 행위이다.
    사울 왕은 아말렉과의 전쟁에서 크게 승리한

후 하나님의 명령을 무시하고 전리품을 챙겼다. 이것을
보고 사무엘이 사울 왕을 크게 꾸짖고 그를 떠나가려고
했을 때, 사울 왕이 사무엘의 겉 옷자락이 찢어질
정도로 붙잡으며 한 말을 기억하는가? "내 백성의 장로들
앞과 이스라엘 앞에서 나를 높이사 나와 함께 돌아가서
내가 당신의 하나님 여호와께 경배하게 하소서 하더라"
(삼상 15:30). 성공한 사람이 스스로를 겸손하게 낮추는
일이 얼마나 어려운가를 확인하게 된다. 사울은 자신의
노력으로 왕이 된 사람이 아니었다. 순전히 하나님께서
그를 택하시고 왕의 자리에 임명하셨다. 그러한 그가
하나님 앞에서조차 왕으로서의 권위를 지키려고
위선적인 행동을 했다. 얼마나 가증하고 웃기는 일인가.

　　　　반면 다윗의 고백은 결코 쉽지 않다. 사울에게
하나님은 권력을 유지하기 위한 도구였지만, 다윗에게는
삶의 주인이었다. 사울에게 하나님은 자신을 귀찮게
하고 불편한 존재였지만, 다윗에게는 지존하신 주인이며
왕이었다. 다윗은 그 하나님께서 은혜와 긍휼을 베푸셔서
이 자리에 있다고 생각했다. 그리고 혹시 하나님의 명령을
어기고 다른 길로 갔을 때도 벌하지 않으시고 오래
참으셔서 깨닫게 하셨고, 보잘것없는 나를 선대하셔서
이스라엘의 왕으로 삼으시고 지금까지 가르치시고
인도하셨음을 인정하고 감사하는 고백을 하고 있다.

얼마나 놀라운 고백인가? 한 나라의 왕이 고백할 수 있는
내용이 결단코 아니다. 왕이 아닌 죄인의 모습이어야
가능한 고백이다. 왕이 아니라 연약하고 어리석은 양의
모습이어야 할 수 있는 고백이다. 내가 왕이 아니라
하나님께서 나의 주인이고 왕이신 것을 진심으로 믿을 때
가능한 고백이다.

그분을 바라보며 사정을 아뢰고 간구하는
모든 자의 선하신 하나님이심을 다윗은 선포하고 있다.
그를 경외하는 모든 사람에게 동일한 은혜를 베푸시며,
부르짖어 기도하는 자들에게 동일한 사랑과 은혜와
보호하심을 보이시는 하나님이심을 공포하고 있다. 그런
비밀을 누가 온 동네에 공포하고 다니겠는가? 나만의
노하우인데 말이다. 하지만 다윗은 진정으로 이스라엘의
모든 백성이 하나님 앞으로 나아가 동일한 은혜를 구하며
얻기를 원했다. 다윗은 "당신의 능력은 당신의 것이
아니라 하나님의 것이군요"라고 말해도 상관이 없다는
태도이다. 권력의 노하우를 만천하에 공개한 것이다.
세상 권력자들은 권력이나 능력의 원천을 공개하지
않는다. 모든 것이 자신의 능력임을 보이고 싶어 하는
교만함 때문이다. 이 땅의 권력은 하나님으로부터
나온다는 사실을 우리는 정확하게 알아야 한다. 따라서
그 권력의 자리는 하나님을 섬기고, 사람들을 사랑하는

자의 자리인 것이다.

　　　다윗은 이렇게 외친다. "이스라엘 사람들아! 들어라! 하나님을 공경하고 그의 말씀에 순종하라. 그리하면 하나님께서 당신이 간구하는 모든 것을 허락해 주실 것이다. 내가 바로 그 증인이다." 이것이 본 시편을 통해 볼 수 있는 다윗의 진정한 마음이다. 어서 와서 함께 하나님을 찬송하고, 그에게 우리의 필요를 간구하며, 그가 주시는 은혜와 긍휼과 사랑을 누립시다. 그 은혜와 형통을 경험하고 싶은 사람들은 모두 오시오. 이것이 하나님을 사랑하고 이스라엘을 사랑하는 다윗의 외침이며 고백이다.

　　　주님! 다윗의 고백이 너무 멋집니다.
　　　부족한 저에게도 그러한 고백을 할 수 있는 용기를 주십시오.

큰 할렐루야

[1]할렐루야 그의 성소에서 하나님을 찬양하며 그의 권능의 궁창에서 그를 찬양할지어다 [2]그의 능하신 행동을 찬양하며 그의 지극히 위대하심을 따라 찬양할지어다 [3]나팔 소리로 찬양하며 비파와 수금으로 찬양할지어다

—

[4] 소고 치며 춤추어 찬양하며 현악과 통소로 찬양할지어다 [5] 큰 소리 나는 제금으로 찬양하며 높은 소리 나는 제금으로 찬양할지어다 [6] 호흡이 있는 자마다 여호와를 찬양할지어다 할렐루야

하나님께서는 내가 작은 소리로 드리는 찬양에도 귀
기울이시고 기쁘게 받으신다. 그분은 나의 찬양을 가장
아름다운 소리로 들으신다. 이것이 이 아침에도 찬양할 수
있는 이유가 된다. 찬양을 부르면 언제나 힘이 나고 은혜가
넘친다. 기쁘게 들으시는 하나님을 생각하면 언제나 눈가에
떨림이 있음을 느낀다. 찬양은 언제나 시선을 주님께로
향하게 한다. 세상 일로 마음이 분주할 때, 한 줄의 찬양을
통해 어느덧 마음이 하나님의 섭리 안에 거함을 느낀다.
이것이 찬양의 힘이고 성령의 도우심이며 능력이다.

　　　　어느 날은 아침부터 유행가 가사가 입에 계속
맴돈다. 평소에 잘 부르지 않던 노래인데 어딘가에서 들어
무의식에 남아 있던 것이다. 이처럼 평상시에 듣고 보고
생각하고 느끼는 모든 것이 마음에 남아 내 입술을 통해
노래로 흥얼거리게 한다. 찬양을 하고 싶어도 내 안에
찬양의 소재가 없다면 나오지 않는다. 그러기에 보고

느끼고 생각하는 것이 얼마나 중요한가를 새삼 깨닫는다.
찬양은 단순히 입술만의 고백이 아니라 전신의 고백이다.
마음과 몸의 리듬이다. 하나님께서 지으신 만물의
움직임과 흐름이 곧 찬양의 리듬이다. 그 리듬에 몸의
리듬이 동화되어 반응한다. 이 아침에도 나의 온몸이
하나님을 송축하는 도구가 되길 원한다. 나의 찬양의
받아 주옵소서. 아멘!

       지난 여러 달 동안 시편을 새롭게 묵상하며
전에 경험하지 못한 많은 것들을 깨달았다. 돌아보면
시편은 아침마다 몸과 영과 혼을 깨우는 알람과 같은
역할을 했다. 다윗, 아삽, 솔로몬 그리고 많은 노래하는
자들이 지은 시가 한 구절 한 구절 삶에 다가왔다. 어떤
날은 한 문장을, 어떤 날은 눈에 밟히는 한 단어를 마음에
새기며 묵상을 이어 갔다. 묵상은 기쁨이고 환희이다.
하나님의 살아 계심이 마음에 살아 움직임을 느낀다.
묵상은 또한 고통이다. 말씀의 빛에 비추어 나를 보는
것은 고통이며 상실이다. 변화되지 않는 나를 바라보는
일이 이렇게 불편한 줄 몰랐었다. 그럼에도 불구하고
아침마다 이 고통의 반복을 통하여 역설적으로 기쁨과
은혜를 경험한다. 굽혀지지 않게 굳어진 뼈마디를 매일
몇 밀리미터씩 교정해 간다. 어떤 날은 고통을, 어떤 날은
눈물을, 그리고 어떤 날은 말할 수 없는 떨림을 경험한다.

그러나 시편을 묵상하는 동안

그들의 찬양이 나의 찬양이었고,

그들의 고통이 나의 고통이었으며,

그들의 기쁨이 나로 웃음 짓는 환희가 되었고,

그들의 애끓는 기도가 나로 무릎 꿇게 만드는

기도의 제목이 되었다

　　시편의 시작은 하나님의 복이었다. 무엇을
해서 받는 복이 아니라 이미 받은 복을 기억하고 복 받은
자의 삶을 살아가는 것이다. 그것은 받은 복을 누리는
삶이다. 많은 그리스도인이 이미 하나님으로부터 복을
받은 자임을 모르고 살아간다. 그래서 마치 복 받기
위해 이 우상 저 우상 찾아다니듯이 복을 준다는 집회를
이곳저곳 찾아다닌다. 하나님께서 자기 백성들에게 이미
허락하신 복은 어디에 두고, 세상 사람들이 얻으려는
것과 같은 모습으로 복을 찾는단 말인가?
　　시편은 하나님의 복으로 시작해서 그 복을
누리는 사람들의 모습을 기록하고 있다. 그들의 생사화복
(生死禍福)과 희로애락(喜怒哀樂) 가운데 함께하시는
하나님을 만나게 된다. 하나님은 그들의 실패 가운데
함께하셨다. 실패는 언제나 좌절로 이어진다. 하나님의
백성들이 겪는 좌절은 원수들의 기쁨이다. 그들은 지체

없이 우리의 모습에 대해 조롱한다. 그때 어김없이 하나님께서 주시는 은혜가 있다. "우리에게 있는 대제사장은 우리의 연약함을 동정하지 못하실 이가 아니요"(히 4:15 상). 주님의 긍휼함은 말할 수 없는 위로가 된다. 왜냐하면 그분은 우리의 연약함을 이해하고 계시기 때문이다. 긍휼(compassion)은 "상대의 신발을 신다"는 의미이다. 예수님께서 이미 우리가 겪는 시험의 혹독함을 가장 어려운 상황에서 겪으셨다. 사탄이 어떤 의도로 하나님의 백성에게 이러한 시험을 행하는지를 알고 계신다. 그래서 시편을 묵상할 때면, 하나님의 은혜와 긍휼을 통한 위로를 경험하게 된다. 그것이 나로 하여금 상처 입은 마음을 가지고 하나님 앞으로 나아갈 수 있게 만드는 원동력이다. 그들은 때로는 순례자로, 기도자로, 예배자로, 어떤 때는 세상의 유혹에 넘어진 실패자로, 하나님의 은혜를 갈급하게 기다리는 자로 살아가는 모습을 보이지만 결국 하나님께서 그들의 하나님이심을 나타내 보이셨다.

시편을 통해 삶의 실제적인 모습을 보게 된다. 전도자 그가 세상의 모든 좋은 것을 다 경험해 보니, "헛되고 헛되며 헛되고 헛되니 모든 것이 헛되다"라고 했던 고백은 이 땅에서 하나님의 백성으로 어떻게 살아야 하는가를 명확하게 보여 주고 있다. 우리의 감정을 숨기지 않고 솔직하게 하나님께 드러내며 은혜와 긍휼을 기대하는 삶이 하나님께서 원하시는 모습이라는 생각이 든다. 내 감정에 솔직해질 때 하나님께서 간섭하시며 고치실 수 있다. 내가 나를 속인다면 결국은 나뿐 아니라 하나님을 속이는 자가 될 것이고, 하나님을 기쁘시게 할 수 없다.

시편의 기자들 역시 하나님 앞에 정직하게 있는 그대로 자신을 세우는 일이 가장 힘들었을 것이다. 시편은 숨기고 싶은 죄를 가진 나의 마음을 하나님께 드러내게 한다. 에덴에서 죄를 지은 후 자신을 숨기려 했던 아담과 하와가 아닌, 동생을 죽이고도 "내가 아벨을 지키는 자이니까?"라고 하나님께 대항했던 가인의 모습이 아닌, 하나님의 은혜로 왕위에 올랐지만 한 번도 자발적으로 제단을 쌓지 않았고 하나님보다 사람을 더 의식했던 사울의 모습이 아닌, 왕임에도 불구하고 나단이 지적한 죄를 만인 앞에서 인정하고 그 죄 때문에 밤마다 눈물로 베개를 적시며 벌거벗은 채로 하나님 앞에 나아갔던 다윗의 모습을 닮기 원한다. 죄를 숨기지 않고 드러내며 연약함을 고백하는 자가 되기를 원한다. 이런 연약한 자를 살리시며 인도하시는 하나님을 더 깊이 신뢰하고 그를 향해서 나아가는 삶의 여정이 되기를 원한다. 그 모습이 결국은 하나님께서 허락하시는 하늘의 복임을 깨닫기를 원한다.

시편은 세상에 대해 올바른 시각을 갖게 한다. 누구라도 세상살이에 능한 사람들을 보면 나의 방법이

옳은가를 반문하게 된다. 특별히 그들이 세상에서 누리는 많은 특권을 생각하면 나는 왜 그들처럼 살지 못하는가를 때때로 생각하게 된다. 그리스도인으로 살면서 세상 사람들이 누리는 모든 죄 된 삶에 발을 담그기를 원치 않지만, 그들의 삶에서 내가 소유하지 못한 것들을 보게 될 때면 아쉬운 마음이 들고 신경이 쓰이는 것이 정제되지 않은 솔직한 마음이리라. 그 모습을 질투하고 그로 인해 내 걸음이 미끄러지지는 않았지만, 그쪽을 향해 눈길이 가는 것은 어쩔 수 없다. 악인들의 삶의 형통은 참으로 이해되지 않는 부분이었다. 많은 사람이 그들을 향해 손가락질했지만 그럴수록 그들은 더 당당하고 떳떳했다. 세상을 살아가는 방법인가 생각했지만, 감히 그들의 방법을 따라갈 수 없었다. 성경적인 시각으로 세상을 바라보고 그렇게 살아가는 것은 언제나 갈등이다.

시편은 순례자의 삶이 어떠한가를 가르쳐 준다. 특히 예루살렘으로 향하는 순례자의 걸음은 고통스럽지만 마음은 기쁘다. 한 발 한 발 걸음이 무겁고 힘들지만 예루살렘에 대한 소망이 있다. 시편의 기자들이 순례자의 걸음으로 예루살렘을 향해서 가듯이 우리 또한 우리의 걸음으로 그날을 향해서 나아간다. 지금 그들의 걸음과 우리의 걸음은 다르지만 모두의 가는 길은 같다. 은혜로 그 길의 끝에 무사히 도달하여 그분을 만나자.

시편이 필요한 시간
With the Psalms

지은이 나상오
펴낸곳 주식회사 홍성사
펴낸이 정애주
국효숙 김의연 김준표 박혜란 손상범
송민규 안지애 오민택 임영주 차길환

2023. 1. 2. 초판 1쇄 인쇄   2023. 1. 5. 초판 1쇄 발행

등록번호 제1-499호 1977. 8. 1.
주소 (04084) 서울시 마포구 양화진4길 3
전화 02) 333-5161 팩스 02) 333-5165 홈페이지 hongsungsa.com
이메일 hsbooks@hongsungsa.com 페이스북 facebook.com/hongsungsa
양화진책방 02) 333-5161

ⓒ 나상오, 2023

ISBN 978-89-365-0385-7 (03230)